Noções de direito marítimo e aeronáutico para comércio exterior

Noções de direito marítimo e aeronáutico para comércio exterior

Franciely Chropacz

Rua Clara Vendramin, 58 . Mossunguê
CEP 81200-170 . Curitiba . PR . Brasil
Fone: [41] 2106-4170
editora@intersaberes.com
www.intersaberes.com

Conselho editorial Dr. Alexandre Coutinho Pagliarini | Drª. Elena Godoy | Dr. Neri dos Santos | Dr. Ulf Gregor Baranow

Editora-chefe Lindsay Azambuja

Gerente editorial Ariadne Nunes Wenger

Assistente editorial Daniela Viroli Pereira Pinto

Preparação de originais Luciana Francisco

Edição de texto Caroline Rabelo Gomes | Letra & Língua Ltda. - ME

Capa Charles L. da Silva (*design*) | algre, Aun Photographer, junpiiiiiiiiii, Pakorn Khantiyaporn, phive, stefanll, StreetonCamara, Sylwia Brataniec e Tungphoto/Shutterstock (imagem)

Projeto gráfico Raphael Bernadelli | Sílvio Gabriel Spannenberg

Diagramação Laís Galvão

Equipe de *design* Charles L. da Silva | Sílvio Gabriel Spannenberg

Iconografia Maria Elisa Sonda | Regina Claudia Cruz Prestes

Dados Internacionais de Catalogação na Publicação (CIP)
(Câmara Brasileira do Livro, SP, Brasil)

Chropacz, Franciely
  Noções de direito marítimo e aeronáutico para comércio exterior/Franciely Chropacz. Curitiba: InterSaberes, 2022.

  Bibliografia.
  ISBN 978-65-5517-178-5

  1. Comércio exterior 2. Direito aéreo - Brasil 3. Direito marítimo – Brasil 4. Portos – Leis e legislação 5. Transporte aéreo – Leis e legislação I. Título.

22-104368   CDU-347.82(81)-347.79(81)

Índices para catálogo sistemático:

1. Brasil: Direito aeronáutico   347.82(81)
2. Brasil: Direito marítimo   347.79(81)

Cibele Maria Dias – Bibliotecária – CRB-8/9427

1ª edição, 2022.

Foi feito o depósito legal.

Informamos que é de inteira responsabilidade da autora a emissão de conceitos.

Nenhuma parte desta publicação poderá ser reproduzida por qualquer meio ou forma sem a prévia autorização da Editora InterSaberes.

A violação dos direitos autorais é crime estabelecido na Lei n. 9.610/1998 e punido pelo art. 184 do Código Penal.

Sumário

Apresentação, 15

Como aproveitar ao máximo este livro, 23

1 Direito marítimo no século XXI, 27

1.1 Conceito de direito marítimo e sua importância para o comércio exterior, 34

1.2 Direito marítimo e suas relações com o direito internacional, 40

1.3 Direito marítimo e suas relações com o direito interno, 47

1.4 Convenção de Montego Bay sobre direito do mar, 53

1.5 Direito do petróleo e gás e o direito marítimo: o papel do agente do comércio exterior, 61

2 Regulamentação do direito marítimo, 67

2.1 Organizações internacionais e o direito marítimo, 72

2.2 Organização marítima internacional (OMI), 75

2.3 Outras organizações internacionais e o direito marítimo, 77

2.4 Codificação do direito marítimo, 81

2.5 Convenções internacionais ratificadas pelo Brasil, 86

3 Marinha mercante e o direito marítimo, 91

3.1 Política marítima aplicada ao comércio exterior, 94

3.2 Fretes marítimos e o comércio exterior, 100

3.3 Contratação dos fretamentos marítimos: modalidades e espécies, 109

3.4 Concorrência e direito marítimo, 114

3.5 Fretes e derivativos no comércio exterior, 117

4 Marinha mercante e seu regime jurídico, 121

4.1 Regime jurídico da marinha mercante: noções gerais, 127

4.2 Áreas marítimas e tipos de navegação, 130

4.3 Marinha mercante brasileira: aspectos gerais aplicados ao comércio exterior, 143

4.4 Estatuto jurídico da marinha mercante brasileira, 146

5 Direito aeronáutico e seu desenvolvimento, 151

5.1 Desenvolvimento histórico do direito aeronáutico no Brasil e no mundo, 154

5.2 Importância do direito aeronáutico no comércio exterior, 167

5.3 Organizações internacionais e o direito aeronáutico, 170

5.4 Legislação aeronáutica, 175

5.5 Convenção de Montreal, 180

6 Navegação aérea, 185

6.1 Aeronave: conceitos, natureza, documentos e nacionalidade, 189

6.2 Exploração da aeronave, armador, tripulação, obrigações do comandante, 194

6.3 Utilização da aeronave, contratos, frete, responsabilidades, 200

6.4 Acidentes aeronáuticos, 215

6.5 Seguro aeronáutico, 222

6.6 Crédito aeronáutico, hipoteca e arresto, 229

Lista de siglas, 235

Considerações finais, 243

Referências, 247

Sobre a autora, 271

Dedicatória

Dedico esta obra a Deus,
à minha família e a todos que me
apoiaram durante sua escrita.

Agradecimentos

Ao amigo e professor,
Melkzedek Calabria.

"Conhecereis a verdade e a verdade vos libertará". (Jo, 8:32)

Apresentação

QUANDO OLHAMOS PARA O MAR E PARA O CÉU, ALÉM DA beleza natural desses ambientes, podemos observar a ocorrência de tantas atividades comerciais que ali se sucedem. O mar não é apenas um local para o lazer ou para a obtenção de alimentos pela pesca. Ele também viabiliza o transporte de mercadorias e pessoas, bem como a exploração de minerais, gás e petróleo. Da mesma maneira, observamos que as aeronaves deslocam-se pelo ar realizando o transporte de bens e pessoas.

Se resgatarmos em nossa memória as aulas de história, relembraremos que as trocas comerciais fazem parte de muitos episódios da evolução da humanidade. Há ocorrência do comércio exterior quando as nações produzem mais bens do que necessitam ou em menor quantidade (ou não os produzem) do que desejam consumir. O excedente e a carência precisam ser negociados, porque ambas as situações não são interessantes, já que não satisfazem as necessidades das pessoas, tampouco promovem o fomento econômico de um país.

Estas considerações iniciais são um convite para ampliarmos nosso horizonte intelectual. O exercício da visão holística, a qual permite fazer ligações entre sua atividade profissional e outras ciências, promove uma compreensão de mundo mais vasta, facilitando o exercício profissional, já que mais oportunidades e soluções podem ser encontradas à medida que a ampliação do conhecimento ocorre.

Mar e atmosfera são dois ambientes que, neste mesmo momento em que vivemos, presenciam a ocorrência de diversos acontecimentos que interessam tanto para o direito marítimo quanto para o direito aeronáutico. No mais, diversos transportes – seja de pessoas ou mercadorias, seja pelo mar ou pelo ar – contribuem para o desenvolvimento de um país, já que efetivam as relações comerciais entre as nações.

Para se realizar comércio, é necessário que os produtos sejam deslocados do vendedor para o comprador. Assim, o transporte aquaviário e aeronáutico são fundamentais no processo comercial. Inicialmente, o mar e, séculos mais tarde, a atmosfera facilitaram a expansão do comércio e a diminuição de distância entre as pessoas e as nações. Para que serviria um país fomentar seu parque industrial se não pudesse realizar negociações que permitissem a venda de seus produtos? "Como fato social e econômico, o comércio é uma atividade humana que põe em circulação a riqueza produzida, aumentando-lhe a utilidade" (Requião, 1998, p. 4). A utilidade pode ser entendida como a satisfação de nossas necessidades ou desejos.

Devemos recordar que o Brasil tem área territorial de 8.510.295,914 km² (IBGE, 2022), sendo o quinto maior país em extensão, no mundo. A dimensão continental brasileira é um convite para o desenvolvimento da atividade marítima e aérea, tanto interna quanto internacionalmente. Temos a 25ª maior frota mercante (Index Mundi, 2022), a segunda maior frota de aeronaves de asas fixas (aviões) e a terceira de asas rotativas (helicópteros) (Gusmão, 2018). Essas informações nos levam a crer que investir no estudo do direito marítimo e aeronáutico como instrumentos facilitadores do comércio exterior permitirá não somente o fomento dessas áreas em si, já que são bastante relevantes os números apresentados, mas também o impulsionamento das atividades comerciais.

Os portos brasileiros são os grandes responsáveis pela realização das trocas comerciais com diversos outros países, e os aeroportos contribuem na realização dessas atividades. Alguns números podem ajudar a enxergar essa realidade: temos 99 portos e terminais marítimos ao longo da costa nacional (Fazcomex, 2021b); e "99 aeroportos, sendo 18 internacionais e 81 para voos regionais. Incluindo os aeroportos, o país possui 2.499 aeródromos" (CBIE, 2019).

Nosso intuito aqui é despertar a curiosidade para o aprofundamento dos temas que trataremos no decorrer da obra, mas alguns pontos são relevantes neste momento. Por definição, *porto* é uma instalação complexa para carregamento e descarregamento de embarcações, dispondo de locais para estocagem de produtos e de espaços específicos para certas atividades, que são chamados de *terminais*. A título de exemplo, podemos citar a existência de terminais de passageiros, de *containers*, de grãos, de produtos químicos etc.

Considerando o número de aeroportos, anteriormente mencionado, ocupamos o segundo lugar na escala mundial, ficando atrás somente dos Estados Unidos. Convém informar que *aeroporto* e *aeródromo* não são sinônimos, embora todo aeroporto seja um aeródromo. Observemos:

> Aeródromo é uma área definida de terra ou água, que inclui suas edificações, instalações e equipamentos, destinados total ou parcialmente à chegada, partida e movimento de aeronaves, enquanto se reserva a qualificação de aeroportos para os aeródromos que, a juízo das autoridades de um Estado, possuem instalações suficientes para serem considerados importantes para a aviação civil. (Escalada, 1969, p. 82, tradução nossa)

O mestre Escalada (1969) ensina que os aeródromos são dotados de edificações suficientes para garantir as operações das aeronaves, e que aeroportos, conforme o interesse do Estado, recebem mais serviços para garantir a comodidade dos passageiros e operadores.

> Os aeroportos são aeródromos dotados de serviços para atender a demanda de passageiros, companhias aéreas e suas necessidades. São locais que recebem instalações de restaurantes, locadoras de veículos, serviços de transporte e outros estabelecimentos destinados à satisfação dos interesses deste público. Possuem também serviço de hangaragem e manutenção de aeronaves. No planejamento interno do aeroporto se destaca o controle de acesso e segurança e, seu entorno, deve também ser idealizado de

tal forma a gerar cuidado e facilidades para as operações aeroportuárias. (Chropacz, 2020, p. 55)

Os Aeroportos de Bacacheri (Curitiba-PR) e Afonso Pena (São José dos Pinhais-PR) são aeródromos, no entanto, por também agregarem outros serviços, são igualmente classificados como aeroportos. É necessário olhar para essas estruturas comerciais e entender seu funcionamento e, além do mais, compreender as legislações que regem esses setores e, assim, interferem na realização de sua funcionalidade e do comércio exterior. De posse desses conhecimentos, o profissional do comércio exterior terá a vantagem de apresentar soluções mais eficazes aos seus clientes e propor ações efetivas para contribuir com o desenvolvimento de todo esse sistema, uma vez que será um ator ativo e consciente de que melhorias são sempre bem-vindas a todos os *players*.

Continuando com nossas ponderações, a navegação pode envolver o transporte de pessoas e objetos, tanto por via marítima quanto aérea. Assim, não há como afastar o direito marítimo e o aeronáutico do estudo vinculado ao comércio exterior. Para facilitar a compreensão dessas matérias, mais adiante informamos ao leitor que esses ramos do direito evoluíram, observando os costumes praticados e as convenções internacionais, cuja grande finalidade é a de diminuir as diferenças legislativas entre os países, fomentando um transporte mais seguro e eficaz.

Não se olvida a relevância econômica do comércio exterior para as nações. Contudo, o viés desta obra é jurídico. Logo, a visão perpassada não está focada na figura do empresário e das relações comerciais propriamente ditas. Buscaremos mostrar como os diversos ramos do direito e suas aplicações estão próximas comércio exterior.

Se, hoje, as relações comerciais são facilitadas pelo progresso eletrônico, não podemos deixar de olhar para trás e compreender o que era praticado. A visão horizontal, dialogando com a linha do tempo, permite entender a realização do comércio hodiernamente e se preparar para as próximas evoluções, haja vista que estamos diante de ciências (jurídica e comercial) que não são praticadas com base em achismos, e cujos erros podem trazer grandes prejuízos financeiros.

Nesse contexto, em que destacamos a importância do direito marítimo e aeronáutico em nosso dia a dia, damos continuidade ao aprofundamento dessas matérias, com a finalidade de ampliar o aprendizado das relações comerciais.

Como aproveitar ao máximo este livro

ESTE LIVRO TRAZ ALGUNS RECURSOS QUE VISAM ENRIQUECER o seu aprendizado, facilitar a compreensão dos conteúdos e tornar a leitura mais dinâmica. São ferramentas projetadas de acordo com a natureza dos temas que vamos examinar. Veja a seguir como esses recursos se encontram distribuídos no decorrer desta obra.

Introdução do capítulo

Logo na abertura do capítulo, informamos os temas de estudo e os objetivos de aprendizagem que serão nele abrangidos, fazendo considerações preliminares sobre as temáticas em foco.

Para saber mais

Sugerimos a leitura de diferentes conteúdos digitais e impressos para que você aprofunde sua aprendizagem e siga buscando conhecimento.

Curiosidade

Nestes boxes, apresentamos informações complementares e interessantes relacionadas aos assuntos expostos no capítulo.

1

Direito marítimo no século XXI

A HUMANIDADE SEMPRE MANTEVE UMA RELAÇÃO PRÓXIMA com o mar. Na antiguidade, as viagens eram feitas por terra, caminhando ou utilizando-se de animais para facilitar o transporte, ou pelo mar. Para termos ideia das dificuldades encontradas pelos antigos navegadores, podemos ler o relato encontrado no Atos dos Apóstolos, capítulo 27 (Bíblia On-Line, 2022). Mesmo com tantas dificuldades, lançar-se ao mar gera expansão do poder de um povo e conquista de novos mercados consumidores (Sousa, 2018).

Os navegadores de outrora possuíam equipamentos – hoje considerados rudimentares – e muita coragem para enfrentar todas as eventuais dificuldades nas viagens. Estima-se que a origem da bússola, tão básica para a navegação, tenha ocorrido há aproximadamente 2.000 anos (Redação Mundo Estranho, 2018). Modernamente, podemos citar o sistema de posicionamento global, em inglês, *global positioning system* (GPS), que equipa tanto veículos de passeio quanto embarcações. Portanto, graças ao desenvolvimento humano e tecnológico, a navegação, atualmente, é realizada com mais segurança e eficiência.

Segundo Castro Júnior (2010, p. 206), "A origem do Direito Marítimo é incerta, mas historiadores mencionam que normas jurídicas regulando o transporte marítimo datam do século XVIII a.C., no Código de Hamurabi". Como as regulamentações em matéria marítima são antigas e vão sendo replicadas e aperfeiçoadas com o passar do tempo, os usos e costumes tornaram-se referência de procedimento em matéria marítima, sendo essa a principal fonte do direito marítimo na antiguidade, mas cujos reflexos ainda repercutem nos dias atuais. Como o costume é uma repetição de ações, ou abstenções delas, que foram sendo reconhecidas como uma maneira correta de proceder, juridicamente, concebe-se esse modo de operar como a formação de uma norma costumeira (Rezek, 1998, p. 123).

Abrimos aqui um parêntese: diversos autores definem *embarcação* como o equipamento destinado a pequenas travessias, ou cabotagem; e navio, para percursos maiores, em alto mar. Rezek (1998, p. 303) define *navio* como "todo engenho flutuante dotado de alguma forma de autopropulsão, organizado e guarnecido segundo sua finalidade". Em *Curso de direito internacional público*, o termo "navio é empregado em sentido amplo na nossa matéria, isto é, abrangendo os navios propriamente ditos e as embarcações" (Mello, 2001, p. 1.210). Tendo em vista que esta obra também trata de aeronaves, comumente chamadas de *aviões* ou *helicópteros*, as quais são também uma espécie de embarcação aérea, ressaltamos ao leitor que esses termos, incluindo *nave*, serão aqui utilizados como sinônimos, embora reconheçamos a diferença técnica entre eles. Entretanto, caso alguma especificação seja necessária, esta será trazida no texto para não pairar qualquer dúvida sobre o que estamos tratando.

Embora os oceanos sejam meios de transporte de pessoas e cargas, sua exploração é bem mais ampla do que a locomoção proporcionada. Os mares oferecem outras riquezas, como: a pesca, a exploração de petróleo e gás, a geração de energia (USP, 2018) e a exploração de minerais. A costa brasileira tem 8.698 km (Brasil, 2008b) de litoral. Portanto, com uma extensão vastíssima, é interessante devotar tempo para o estudo do direito marítimo, conhecer suas teorias e compreender sua aplicação prática. No Brasil, o transporte marítimo é "responsável por mais de 95% das cargas exportadas e importadas pelo país" (Portal da Indústria, 2020). Com essa informação, podemos salientar o quanto o direito marítimo e o comércio exterior podem ser aproximados para a formação de um profissional mais completo em sua aérea de atuação.

Diante de toda essa realidade e com toda a riqueza que os oceanos guardam, torna-se plausível imaginar que conflitos possam acontecer. No entanto, sua ocorrência não é desejada, porque criará ambiente desequilibrado e pouco propício para as trocas comerciais. O direito apresenta-se como um "conjunto de regras obrigatórias que garante a convivência social graças ao estabelecimento de limites à ação de cada um de seus membros" (Reale, 2000, p. 1). Portanto, caberá às ciências jurídicas dirimir discórdias, uma vez que a convivência em sociedade não permite que cada um faça o que quer e quando o deseja, caso contrário, estaríamos diante do caos, com consequências desajustadas e impeditivas do progresso social.

O vocábulo *direito* representa o "sistema de normas ou regras jurídicas que traça aos homens determinadas formas de comportamento, conferindo-lhes possibilidades de agir, como o tipo de ciência que o estuda, a Ciência do Direito" (Reale, 2000, p. 62). Portanto, é possível afirmar que "o Direito tem a grande finalidade de organizar a sociedade, permitindo que as pessoas saibam como agir no seu cotidiano" (Chropacz, 2020, p. 17).

Para cumprir a função de solucionar conflitos, o direito é segmentado a fim de que sua atuação seja mais efetiva. A multiplicidade do direito torna-o ferramenta útil para a organização coletiva. Nesse sentido, temos o direito penal, que trata do poder de punir do Estado; o direito ambiental, voltado à proteção do meio ambiente; o direito aeronáutico, cuja finalidade é regulamentar as ações originadas da atividade aeronáutica (nos Capítulos 5 e 6 desta obra, o tema será retomado); e o direito marítimo, cujo escopo abrange a navegação e a exploração marítima, temas que serão tratados na sequência.

Particularmente, entendemos que não podemos empregar o termo *direito da navegação* como sinônimo de *direito marítimo*, uma vez que a navegação não ocorre somente no mar, mas também nos rios, nos lagos e no ar:

> Deve-se mencionar que o Direito Marítimo é um direito misto, porque possui normas de direito privado e direito público, e engloba o tráfico marítimo, que compreende a atividade de exploração comercial do navio. Ele não se confunde, portanto, com o Direito da Navegação Marítima, inserido no direito público, porque possui como objeto o tráfego marítimo, que abrange o trânsito das embarcações, visando à segurança da navegação. (Castro Júnior, 2020, p. 507)

No mais, com base nos estudos de Menezes (2015, p. 66), concordamos com a posição que sustenta que direito do mar, vinculado a direito internacional, não pode ser sinônimo de direito marítimo, pois o primeiro trata do ambiente internacional sobre o qual não incide a soberania de qualquer Estado. Assim, o direito do mar conecta-se com o direito marítimo quando este se dedica ao estudo das ocorrências em direito internacional público.

Cumpre destacar que o direito marítimo é bastante amplo, e para um estudo com maior eficiência da parte portuária, foi criado um ramo do direito cuja função é o estudo da exploração, administração e operações portuárias, dos operadores portuários, dos trabalhadores portuários e do trabalhador portuário avulso. Esse segmento do direito é chamado de *direito portuário*. Desse modo, "Não há, portanto, como confundir o Direito Marítimo com o Direito do Mar e Direito da Navegação Marítima, nem com o Direito Portuário" (Castro Júnior, 2020, p. 511).

As questões ambientais, tão debatidas em nosso cotidiano, igualmente não passam despercebidas quando tratamos de direito marítimo. O uso irracional dos recursos naturais e a poluição do meio marinho afetam diretamente a exploração da pesca e, indiretamente, podem prejudicar o transporte de produtos, haja vista que elementos poluidores podem comprometer a navegação e se acumular em regiões portuárias.

As normas de direito ambiental, aplicadas em relação ao território terrestre e aéreo, igualmente são estendidas ao meio marítimo. Não podemos deixar de mencionar o Sistema Nacional do Meio Ambiente (Sisnama), cuja finalidade é instituir a Política Nacional do Meio Ambiente, a qual foi criada pela Lei n. 6.938, de 31 de agosto de 1981 (BRASIL, 1981). Muito embora o tema seja relevante, suas considerações serão deixadas para o direito ambiental.

Os mares são testemunhas de diversos fatos históricos. No século XX, aconteceram as Primeira e Segunda Guerras Mundiais. No cenário internacional, Estados estavam preocupados em estipular o tamanho de seus mares territoriais e a exploração de suas zonas marinhas. Contudo, esses fatos não foram os únicos deflagradores de conflitos, e a questão econômica mesclou-se em diversos confrontos internacionais:

> De certa forma, o comércio internacional esteve por trás das grandes guerras modernas. Todas as guerras por fronteiras e territórios trazem motivo econômico, ligado também ao comércio. Além disso, práticas muito comuns até então, que hoje seriam consideradas desleais (diplomacia secreta, favorecimentos bilaterais), diminuíam as expectativas dos países na economia internacional, e o clima de receio disso advindo mostrou-se propício para conflitos. (Gattei, 2002, p. 111)

Diante dessa informação, podemos concluir o quão relevante seria a criação de organizações internacionais com a finalidade de promover relações econômicas mais leais entre as nações. A pertinência desse tema será abordada na Seção 2.3, em que abordaremos a constituição da Organização Mundial do Comércio (OMC) e sua importância para as relações econômicas internacionais. Também trataremos de outras organizações internacionais e, nessas oportunidades, pormenorizadamente abordaremos temas relevantes ao nosso estudo.

Tentando organizar tantos interesses diversos e antagônicos, a Organização das Nações Unidas (ONU) promoveu as Conferências sobre o Mar, e a mais efetiva de todas foi a terceira, conhecida como Convenção de Montego Bay (conferir Seção 1.5) (Sousa, 2018, p. 268 et seq.). Ressaltamos que a abordagem deste livro é voltada para a marinha comercial. Dessa forma, não analisaremos a marinha de guerra (militares) nem os navios destinados ao serviço público civil, os quais realizam atividades governamentais e não comerciais, tais como "navios-faróis, os navios de saúde e os navios que transportam chefes de Estado" (Mello, 2001, p. 1.211), temáticas afastadas de nosso tema central.

Já no século XXI, o mar, além das questões voltadas para a exploração comercial e a defesa nacional, também é visto como oportunidade turística, como ecossistema que exige proteção e como campo vasto para os estudos científicos (Cembra, 2019). Após essa resumida apresentação de conceitos e da ampla vertente de conteúdos que envolvem o direito marítimo moderno, vamos aprofundar o estudo relativo ao comércio exterior.

1.1 Conceito de direito marítimo e sua importância para o comércio exterior

Como anteriormente abordado, diversas atividades ocorrerem no mar. Logo, é importante que um ramo do direito se dedique a compreender as relações e atividades que se desenvolvem nesse local. Assim, *direito marítimo* é o ramo das ciências jurídicas dedicado a regulamentar "todas as relações nascidas da utilização e exploração do mar, tanto na superfície quanto na profundidade" (Campos, 2017, p. 26).

Essa definição pode parecer simples, mas engloba várias relações que podem suceder da prática de atividades no ambiente marinho. O mar não é somente aquilo que vemos. Há a vastidão de sua superfície e, igualmente, de sua profundidade. É possível explorá-lo para transporte de produtos e pessoas, bem como para fornecimento de matérias-primas, alimentos e turismo.

Outro conceito que define *direito marítimo* é:

> O conjunto de normas jurídicas que disciplinam as atividades necessárias para que as embarcações efetuem o transporte pela via aquaviária. É uma disciplina jurídica autônoma, tendo inclusive, em face da sua relevância, obtido assento constitucional (artigo 22, inciso I, da CF/88), e tem como objeto principal regular as relações jurídicas que se dão em torno do navio, aqui considerado espécie de embarcação, por meio das relações jurídicas que se dão através dos contratos de transportes e de afretamento de embarcações, hipoteca naval, registro de embarcação, dentre outras. (Castro Júnior, 2010, p. 206)

Castro Júnior (2010), com sua definição, quer destacar a relevância da normatização aplicada ao transporte aquático. O autor denomina *navio* a espécie de embarcação não destinada ao lazer de seu proprietário, suscetível de inscrição perante a autoridade marítima – o qual será tratado na Seção 4.1 desta obra. O termo *disciplina jurídica autônoma* refere-se à existência de princípios e objetivos próprios, os quais, resumidamente, tratam de "regular as relações jurídicas que se dão em torno do navio" (Castro Júnior, 2010, p. 206).

Castro Júnior (2020, p. 506) acrescenta ao tratar de direito marítimo:

> A disciplina jurídica que tem como objeto regular as relações que se dão no navio e a partir do navio, portanto o conjunto de normas jurídicas que disciplinam as

atividades necessárias para que as embarcações efetuem o transporte pela via aquaviária, especialmente no que tange à responsabilidade civil.

Diante de todas essas "relações que se dão no navio e a partir do navio" (Castro Júnior, 2020, p. 506), não há como se furtar do estudo do direito marítimo e de sua relação com o direito internacional, público e privado, (Seção 1.2) e com o direito interno, público e privado, (Seção 1.3). As embarcações são matriculadas em um país (Seção 4.1) e, para realizar seu objetivo, podem cruzar mares nacionais e internacionais. Assim, cabe ao direito regulamentar essas ocorrências facilitando a realização do comércio exterior.

Além dos navios, o mar é fornecedor de petróleo e gás (Seção 1.5). Como anteriormente citado, nessa exploração há relações contratuais que, de alguma forma, originam ou são tocadas pelo direito marítimo, sem olvidar as "relações trabalhistas que surgem a bordo de embarcações, com os tripulantes; as relações com os armadores, que apresentam a embarcação para o devido uso entre outras" (Campos, 2017, p. 27).

Neste ponto, cabe explicar os conceitos de direito público e direito privado. No direito público, prepondera o interesse da sociedade, que é tido por supremo e indisponível, o qual é manifestado pela atuação do Estado. Essas características explicam o motivo de o Estado agir conforme a determinação legal. Dessa maneira, as normas que regulamentam o "tráfego marítimo, a segurança das embarcações e das pessoas" (Campos, 2017, p. 28) têm natureza pública, haja vista que o

Estado, atuando nessas áreas, prima pelo interesse de toda a sociedade:

> O Direito Público Marítimo interno abrange o Direito Marítimo ambiental, administrativo, penal, processual, constitucional, do trabalhador marítimo, tributário.
>
> O Direito Marítimo Administrativo consagra o conjunto das normas relativas à Autoridade Marítima, ao Tribunal Marítimo, relativas à segurança da navegação, aos aquaviários, à polícia dos portos, entre outros. (Campos, 2017, p. 31)

De outra volta, o direito privado é regido pelo interesse dos particulares, os quais têm a liberdade de fazer tudo aquilo que a determinação legal não proíbe. Assim, os regramentos sobre comercialização de navios, exemplifica-se, são de natureza privada porque interessam às partes que vendem e compram esse equipamento. Essa mesma natureza de direito público e privado é encontrada no direito aeronáutico, tema de que trataremos nos capítulos finais deste livro.

As transações comerciais entre países diferentes passam por ações de importação e exportação, as quais são regidas por regramentos de cada nação. Para facilitar o comércio, os Estados realizam acordos e tratados. Tudo isso é muito interessante, mas, objetivamente, podemos nos perguntar: Como o direito marítimo torna-se importante para o comércio internacional? Estudar direito marítimo é fundamental para o comércio exterior, pois, pelas rotas marítimas, são escoadas mais de 95% do comércio exterior brasileiro (Marinha do Brasil, 2019a):

> Trata-se de indústria que demanda uma grande sinergia entre várias cadeias de fornecedores de produtos (mineração, siderurgia, construção de naval, dentre outros) e prestadores de serviços (engenharia naval, finanças, assessoria jurídica, dentre outros), de modo que o papel do Estado, por meio da regulação setorial independente, é fundamental. (Castro Júnior, 2010, p. 199)

Já sendo naturalmente complexo, o transporte marítimo, no ano de 2020, ainda teve de suportar as consequências causadas pela pandemia de covid-19. Diante desse cenário, que atingiu duramente a aviação civil, o modal de transporte marítimo continuou atendendo às necessidades mundiais:

> Mesmo com as dificuldades no ano de 2020 por questão do novo coronavírus, o transporte marítimo resiste como uns dos principais meios de comercio exterior no mundo inteiro. No Brasil, com a crise do setor aéreo, o setor marítimo foi responsável por mais de 95% das cargas exportadas e importadas. (Porthos Internacional, 2020)

Em 2021, ainda sob os efeitos da pandemia de covid-19, verificou-se aumento de demanda de transporte, tanto no modal marítimo quanto no modal aéreo. Como consequência, constatou-se aumento de prazo para a realização do transporte marítimo e aumento do frete no transporte aéreo (Freitas Inteligência Aduaneira, 2021)

Entretanto, o transporte aéreo ainda responde por uma parcela limitada do transporte internacional: 8,9%, de acordo com dados fornecidos pela Associação Internacional de Transporte Aéreo (IATA) (Freitas Inteligência Aduaneira,

2021). Assim, o comércio internacional está diretamente ligado ao direito marítimo, já que há demanda preponderante pelo meio de transporte pelo mar.

Tráfico

Cotidianamente, ouve-se com muita frequência a utilização da palavra *tráfico* associada ao comércio ilegal de armas, drogas e animais, por exemplo. Entretanto, é importante saber que esse vocábulo não remete somente a negócios ilícitos, mas, igualmente, a operações comerciais. Martins (2008, p. 2) ensina:

> Na universalidade jurídica, o direito marítimo consagra-se no fenômeno do comércio marítimo que se desenvolve em torno do tráfego e do tráfico marítimos.
> Evidencia-se que a utilização do mar e a exploração empresarial da atividade de transporte atinentes ao comércio marítimo engendram duas atividades paralelas as quais emanam em função da importação e da exportação:
> I) o tráfico marítimo, que compreende o comércio marítimo, a atividade empresarial do transporte marítimo e a consequente exploração do navio como meio de transporte;
> II) o tráfego marítimo que contempla a navegação sob a égide do trânsito dos navios ou das embarcações, o deslocamento de um navio de um ponto a outro.

Portanto, as normas jurídicas para a realização do tráfico marítimo podem ser encontradas no direito internacional ou nacional privados. Enquanto os regramentos para o tráfego marítimo estão dispostos em normas de direito internacional e nacional públicos. Deve-se lembrar que a atividade comercial, que ocorre tanto entre países diferentes quanto dentro do mesmo Estado, é pautada por normas de direito privado, visto não envolverem temas sobre jurisdição, soberania e segurança dos Estados, os quais são abordados pelo direito público (Martins, 2008).

1.2 Direito marítimo e suas relações com o direito internacional

As diversas nações que compõem atualmente o cenário internacional precisam, de alguma maneira, relacionar-se entre si. Trocas econômicas, apoio bélico e ajuda humanitária constituem alguns exemplos de como são formadas as inter-relações dos países.

Internacionalmente, há nações muito fortes economicamente, e outras, miseráveis. Igualmente, há Estados robustos militarmente, e outros, não. Esse antagonismo pode indicar, erroneamente, a existência de uma hierarquia entre as nações, em que as tidas por mais poderosas seriam superiores às outras. Contudo, essa tendência não deveria influenciar nossos estudos, pois, no plano internacional, não há a existência de uma autoridade superior, primando-se por uma igualdade entre os povos e, portanto, pela realização de ações colaborativas entre as nações.

Outra questão que deve ser pontuada, neste momento, a necessidade de confiabilidade recíproca entre os Estados. Para que as trocas comerciais possam ocorrer internacionalmente, faz-se premente que os Estados realizem acordos entre si e os cumpram. Dessa maneira, deve perceber o leitor que o estudo do direito internacional, bem como das convenções internacionais e acordos bilaterais, incluindo os organismos internacionais – os quais fomentam o comércio e auxiliam na solução de controvérsias –, torna-se relevante para compreender melhor o comércio internacional como matéria acadêmica e ação econômica, de modo a ser realizado visando melhores resultados para as nações e os *players* envolvidos nesses processos.

O direito internacional é o ramo das ciências jurídicas destinado a tratar das relações entre as nações. Cada Estado, ao estabelecer seu direito interno, precisa, de alguma maneira, definir formas e instrumentos para se correlacionar com outros países. Dessa forma, caberá ao direito internacional estabelecer uma ponte para diminuir as distâncias entre os países, concebendo conexões entre as diferenças legislativas de cada Estado.

Quando se fala em direito internacional público, trata-se do vínculo entre os diferentes Estados com a finalidade de dirimir conflitos. Desse modo, os Estados podem celebrar entre si acordos bilaterais ou convenções, cujas regras comuns facilitam a ação entre os países. O Direito Internacional Privado (DIPr) dedica-se a evitar possíveis situações conflituosas entre Estados e particulares, os quais podem ser pessoas naturais ou pessoas jurídicas.

Para o direito internacional, o estudo do mar é relevante porque a composição aquática, seu leito e subsolo são elementos de estudos científicos, foco de preservação ambiental e de exploração econômica dos Estados. Nesse sentido, devemos olhar para os mares como um ambiente em que as nações saibam utilizá-lo sem causar prejuízos umas às outras. De outra forma, o mar é meio de transporte cuja navegação pode gerar controvérsias entre nações (Sousa, 2018). Sem olvidar, o navio também pode ser objeto de discussão jurídica, observando que, ao estar vinculado a uma bandeira e contar com tripulação de diversas nacionalidades, ocorrem conflitos cuja aplicação do direito internacional pode ser amplamente utilizado.

Como citado, o DIPr disciplina as relações jurídicas privadas ocorridas em âmbito internacional:

> A diferença do DIPr em relação ao direito interno, é, tão-somente, a existência de um elemento de estraneidade na relação, quando há um elo com o direito material de um Estado estrangeiro, além daquele no qual a questão está sendo julgada.
>
> [...]
>
> Suas regras determinam quando o direito estrangeiro será aplicável dentro do território nacional. (Araújo, 2003, p. 28, 30)

Isso significa que, em diversas relações, há a incidência do DIPr, porque há uma relação ocorrendo em um Estado que, de alguma maneira, está vinculada com o direito de outro Estado. Como, por exemplo, o casamento de um brasileiro no exterior. Casado legalmente em outro país, o brasileiro será tido por casado perante a legislação brasileira. Vindo os cônjuges a formarem patrimônio em um ou mais países, as regras do DIPr serão aplicadas caso ocorra divórcio ou seja necessário fazer inventário de bens diante do falecimento de um dos cônjuges. Há métodos (Araújo, 2003) que são aplicados para determinar qual legislação será adotada no caso concreto.

Como estamos tratando de comércio exterior, é bom ampliarmos nossos estudos nessa direção. O comércio exterior ocorre entre partes que estão estabelecidas em diferentes Estados, portanto, objeto da incidência do DIPr. Nos contratos internacionais, a regra geral é a prevalência da autonomia da vontade (Araújo, 2003), inclusive com a opção pelos princípios do Instituto Internacional para a Unificação do Direito Privado (Unidroit) ou *lex mercatória* (Araújo, 2003, p. 80).

A Unidroit foi criada em 1926, como órgão auxiliar da Liga das Nações – que, após a 2ª Guerra Mundial, foi substituída pela ONU (outras informações podem ser encontradas na Seção 2.2). O Brasil é membro dessa instituição. Por *Unidroit* deve-se entender o conjunto de princípios que tem por finalidade uniformizar contratos em comércio internacional, facilitando sua interpretação. Os princípios Unidroit não fazem parte do ordenamento jurídico dos Estados, mas, por sua grande relevância, nas negociações contratuais, podem ser encontrados em diversas legislações. Como exemplo, observamos o art. 422 do Código Civil (CC), que trata da probidade e boa-fé nas relações contratuais:

> Dentre os princípios mais importantes do Unidroit, que norteiam o comércio internacional e estão presentes no texto da CISG, podemos ressaltar: Liberdade contratual, Liberdade de forma, Força obrigatória do contrato (*pacta sund servanda*); Normas imperativas (*jus cogens*); Exclusões ou modificações efetuadas pelas partes; Interpretação

dos Princípios; Boa-fé; Comportamento contraditório (*venire contra factum proprium*); Usos, costumes e práticas; Notificação; e Preservação do contrato. (Botteselli, 2016, p. 935-936)

Os princípios do Unidroit têm a finalidade de facilitar a realização do comércio exterior. Em 2017, os princípios foram atualizados. Embora não se tenha conseguido a unificação dos direitos privados, por parte dos países-membros, a realização de leis modelos, guias orientativos, grupos de trabalho, bem como a criação de base de dados sobre casos envolvendo a Convenção das Nações Unidas, de 1980, sobre Compra e Venda Internacional de Mercadorias (CIGS), adotada pelo Brasil em 2014 (Barros; Barros, 2014), demonstram a relevância da Unidroit mundialmente.

Como citado anteriormente, em comércio exterior há a *lex mercatoria*, que representa práticas comerciais utilizadas pelos *players* do comércio internacional. Essas práticas são oriundas das ações estatais e do próprio mercado, de tratados internacionais, dos usos e costumes, de organizações internacionais reconhecidas pelos comerciantes, assim como das sentenças arbitrais (Vidigal, 2010).

Neste livro, não serão abordadas as teorias sobre a natureza jurídica da *lex mercatoria*, tampouco as críticas que lhe são endereçadas. Basta-nos compreender que, assim como a Unidroit, a *lex mercatoria* não é legislação incorporada ao direito interno de uma nação – exceto se tratada em convenção internacional internalizada. No entanto, é opção para facilitar a prática do comércio exterior face às diversas legislações vinculadas às partes contratantes, que podem incidir em contrato.

Tanto a Unidroit quanto a *lex mercatoria* utilizam-se da arbitragem para a solução de conflitos. No Brasil, a Lei n. 9.307, de 23 de setembro de 1996, instituiu a arbitragem como opção não estatal, portanto, não se recorre ao Poder Judiciário para a solução de conflitos (Brasil, 1996). O art. 34 dessa legislação reconhece a sentença arbitral estrangeira para cumprimento no Brasil após homologação pelo Superior Tribunal de Justiça (STJ).

Direcionando-nos para nossos estudos, "Em termos de Direito Internacional Privado ou Direito das Gentes, o contrato de transporte marítimo de cargas é importante instrumento de circulação de riquezas pelo mundo, porquanto imprescindível ao aperfeiçoamento do contrato de venda e compra internacional, mediante tradição ficta" (Cremoneze, 2015, p. 32). Explica esse autor que, em comércio internacional, não basta realizar somente o contrato de venda e compra de mercadorias, pois é indispensável que o transporte seja realizado para que aquele contrato seja efetivo. Assim, observamos que o estudo dos contratos de transporte (marítimo e aéreo) é relevante para a realização dos negócios internacionais, mostrando mais uma vertente da aplicação do direito internacional, no caso, o público, nas relações comerciais internacionais:

> O Direito Marítimo também se relaciona sobremaneira com o Direito Internacional Público, vez que como o navio navega em vários mares, bem como se destina para vários portos em diversos países, além de ter uma nacionalidade

> própria e tripulação muitas vezes com várias nacionalidades, sofre grande regulação dos tratados internacionais, especialmente os editados pela IMO (International Maritime Organization), OIT (Organização Internacional do Trabalho) e OMC (Organização Mundial do Comércio), dentre outras. (Castro Júnior, 2020, p. 512)

É interessante que o leitor compreenda que o tema abordado neste item ganha relevância quando aplicado na celebração de contratos internacionais. Haverá, por exemplo, contrato internacional quando o vendedor estiver domiciliado em determinado país e o comprador em outro, fato corriqueiro ao comércio exterior. Portanto, "ao negociar as cláusulas de contrato internacional é preciso considerar como decidem os tribunais locais" (Araújo, 2003, p. 312). Chamamos atenção para esse fato, uma vez que dessa situação pode decorrer entraves negociais, tais como: por primeiro, ocorrência de litígio, pois embora seja um contrato internacional, alguma lei nacional o regerá; por segundo, porque há custas processuais incidentes no processo; por terceiro, porque o prazo de julgamento pode causar prejuízos ao negócio acordado.

Quando se fala em direito internacional, não podemos deixar de mencionar as convenções internacionais. A Convenção de Chicago (a qual será novamente citada no Capítulo 5), em seu Anexo 9, trata da Facilitação com a finalidade de favorecer a movimentação de passageiros e cargas em aeroportos. Para esse desiderato, são apresentadas medidas de:

> padronização de procedimentos e informações exigidas pelas autoridades competentes dos países signatários, dando ênfase na agilidade dos procedimentos de

embarque e desembarque de cargas, bem como a simetria das informações, incentivando todas as partes envolvidas a implementarem sistemas eletrônicos compatíveis com as normas e os protocolos internacionais e que todos os documentos sejam aceitos quando apresentados por meios eletrônicos, transmitidos a um sistema de informações ligadas aos Órgãos Anuentes. (Silva, 2012, p. 67)

Dessa forma, quando se observam similaridades em embarque de passageiros e cargas, não podemos considerá-las como coincidências, pois são frutos de ações anteriormente planejadas e acordadas.

1.3 Direito marítimo e suas relações com o direito interno

Chama-se de *direito interno* as normatizações válidas e aplicadas dentro do território de um país. Dessa forma, o direito interno brasileiro é o conjunto de legislações que regem as relações humanas, empresariais, vinculações com entes públicos ocorridas dentro do Brasil – ou seja, no território nacional – e cujos efeitos aqui se sucedam. O território brasileiro é formado por "terra, água, solo, subsolo, lagos, rios, mares interiores e parte de mar, aproximada de suas costas, estabelecida pelas leis internas ou pelos tratados internacionais" (Martins, 2008, p. 44). Complementando,

> O território, contudo, não é somente o espaço terrestre pelo qual há circulação de pessoas. É território brasileiro o mar que envolve nossa costa até 12 milhas marítimas

(Lei n. 8.617, de 1993) e, igualmente, é espaço aéreo brasileiro a coluna atmosférica acima do território terrestre e aquático brasileiros. (Chropacz, 2020, p. 50)[a]

É importante compreender a definição de território, pois nesse espaço o Estado exercerá sua soberania, que é "o poder supremo do Estado na ordem política e administrativa" (Maluf, 1995, p. 30) com a finalidade de atender à vontade do povo. Lembrando que, internacionalmente, a soberania de um Estado é limitada pela soberania de outros, visando criar uma "convivência pacífica das soberanias" (Maluf, 1995, p. 38).

Didaticamente, Faria (2014, p. 97) ensina:

> soberania pode ser entendida como o direito de um Estado livre, que pode definir o seu próprio destino. O Estado detém em seu território, direcionando seu comportamento, a forma de agir, o modo como exerce a jurisdição, sem interferência de qualquer outra entidade da comunidade internacional. A soberania, assim, pode ser considerada uma das manifestações mais evidentes da independência dos Estados-Nações.

Em se tratando de Estados livres, que se autodeterminam, é fundamental o estabelecimento de acordos e convenções para facilitar as relações entres as nações. Com a evolução dos estudos desta obra, tornar-se-á mais fácil compreender como esses temas se relacionam e contribuem para o comércio exterior.

---

[a] Uma milha marítima é equivalente a 1,852km.

Antes de tratar dos ramos do direito, é válido trazer uma diferenciação em relação ao direito internacional. Como apresentado na Seção 1.2, no cenário internacional, as nações se relacionam no mesmo patamar hierárquico, visto que uma nação não tem poder para submeter outra. Assim, a legislação de um Estado não é superior à legislação de outro Estado. De outra volta, quando tratamos do direito interno, deve-se compreender que as normas de um Estado jurídico de direito são hierarquizadas para facilitar a aplicação normativa.

A hierarquia estabelece que as normas estão em níveis diversos umas das outras. Hans Kelsen (1998), em seus estudos, indicou que o direito exige que o Estado constitua o ordenamento jurídico em diferentes patamares. No Brasil, o ordenamento jurídico de maior hierarquia é a Constituição Federal (CF). Para José Afonso da Silva (1999, p. 47), a CF "é a lei fundamental e suprema do Estado brasileiro". A CF é a legislação que devemos ter como referência para construir e interpretar todo o sistema normativo nacional:

> Como, dado o caráter dinâmico do Direito, uma norma somente é válida porque e na medida em que foi produzida por uma determinada maneira, isto é, pela maneira determinada por uma outra norma, esta outra norma representa o fundamento imediato de validade daquela. [...] A norma que regula a produção é a norma superior, a norma produzida segundo as determinações daquela é a norma inferior. A ordem jurídica não é um sistema de normas jurídicas ordenadas no mesmo plano, situadas umas ao lado das outras, mas é uma construção escalonada de diferentes camadas ou níveis de normas jurídicas. A sua unidade é

> produto da conexão de dependência que resulta do fato de a validade de uma norma, que foi produzida de acordo com outra norma, se apoiar sobre essa outra norma, cuja produção, por sua vez, é determinada por outra; e assim por diante, até abicar finalmente na norma fundamental – pressuposta. A norma fundamental – hipotética, nestes termos – é, portanto, o fundamento de validade último que constitui a unidade desta interconexão criadora. (Kelsen, 1998 p. 155)

Kelsen (1998) esclarece que as normas são gêneros que têm várias espécies e estão organizadas em um sistema escalonado, hierarquizado entre si. Dessa forma, é explicada a criação da "Pirâmide de Kelsen", cuja finalidade é organizar o sistema normativo de modo a tornar lógica sua aplicação, respeitando os valores mais caros à sociedade, os quais são trazidos nas normas superiores, orientadoras da aplicação das inferiores. Assim, no topo dessa pirâmide está a CF (norma fundamental), seguida pelas leis, decretos e resoluções. Diniz (2017, p. 91) assevera que "o princípio *lex superior* quer dizer que num conflito entre normas de diferentes níveis, a de nível mais alto, qualquer que seja a ordem cronológica, terá preferência em relação a de nível mais baixo."

De modo prático, para compreender a aplicação da hierarquia, quando a Agência Nacional de Transportes Aquaviários (Antaq) estabelece uma resolução, esta deve ser criada em conformidade com a lei que solicitou esse regulamento, porque essa lei é a norma superior em relação à resolução criada. Conforme explicita Diniz (2017, p. 92), "As normas só podem, portanto, ser revogadas por normas superiores ou equipolentes. A norma inferior não poderá afetar a superior". Essa pequena introdução facilitará o estudo da Seção 2.4, na qual abordaremos algumas legislações relacionadas ao direito marítimo.

> **Para saber mais!**
>
> Para mais informações sobre critérios hierárquicos, cronológicos e especialidades, sugerimos a seguinte leitura:
>
> DINIZ, M. H. **Lei de introdução às normas do direito brasileiro interpretada.** 19. ed. São Paulo: Saraiva, 2017. Capítulo 2.

O processo de importação e exportação de bens, além de procedimentos administrativos e cambiais, regramentos de direito marítimo ou direito aeronáutico, conforme o meio de transporte optado, sofre a incidência do direito tributário e comercial (Silva, 2012), bem como das convenções internacionais.

O direito tributário, ao elencar os tributos em espécie, no Código Tributário Nacional (CTN), estabelece a competência da União para a instituição do imposto de importação (art. 19 e seguintes do CTN) e do imposto sobre exportação (art. 23 e seguintes do CTN). Com relação ao direito tributário, salientamos que:

a) Imposto e tributo não são sinônimos. O art. 5º do CTN estabelece que "Os tributos são impostos, taxas e contribuições de melhoria" (Brasil, 1966b), portanto, imposto é uma espécie tributária. Essa mesma divisão trinária[b] é estabelecida pelo art. 145 da Constituição Federal (CF, 1988). O art. 3º do CTN define *tributo* como a prestação quitada em moeda, cuja compulsoriedade decorre de obrigação estabelecida em lei (Amaro, 2008). Sua natureza nada se relaciona com punição, por isso não pode ser tida por sanção e cobrança; por parte da Administração Pública, seguirá a determinação legal, nos moldes por ela estabelecidos.

b) Competência tributária é o poder de instituir tributos. Esse poder deve ser exercido conforme previsão constitucional e legal. Dessa maneira, quando a CF determina a competência da União para instituição de impostos sobre a importação e exportação de produtos (art. 153, I e II, CF), não poderá qualquer Estado da federação ou município instituir o mesmo tributo, porque não estão legalmente autorizados.

c) Quando tratamos de direito tributário, é importante se atentar para as definições trazidas pela legislação. Assim, é necessário entender os conceitos de importar, exportar, produto e território nacional, por exemplo. Sem que uma mercadoria proveniente de outro país ingresse no Brasil, não existe a possibilidade da ocorrência do fato gerador, que autoriza a cobrança do tributo previsto na hipótese de incidência descrita na legislação, que, no exemplo em tela, está previsto no art. 19 do CTN.

---

[b] A referência trinária corresponde à teoria tripartente apresentada pelo CTN. O STF defende a teoria pentapartite, incluindo os empréstimos compulsórios e as contribuições especiais (art. 149 e 149-A da CF/1988).

O direito comercial, atualmente também conhecido como *direito empresarial*, pode ser considerado o direito que regula as relações decorrentes das atividades comerciais, zelando pelo "exercício dessa atividade econômica organizada de fornecimento de bens ou serviços" (Coelho, 2015, p. 24) praticados pela empresa. Algumas informações históricas sobre o Código Comercial (cco), de 1850, serão apresentadas na Seção 2.4.

A ampliação de informações aqui abordadas tem a finalidade de fazer com que o leitor faça conexões sobre as aproximações do direito marítimo e do direito aeronáutico com outras matérias para a realização do comércio exterior.

1.4 Convenção de Montego Bay sobre direito do mar

Antes de tratar dessa convenção, em especial, é interessante fazer uma pequena apresentação sobre o tema. Entre as nações são estabelecidos regramentos com a finalidade de facilitar as relações internacionais, pois, como visto anteriormente, cada Estado é soberano e não há hierarquia entre eles. Dessa forma, faz-se necessário realizar acordos bilaterais quando duas nações efetuam um pacto entre si, ou ajuste envolvendo mais nações, os quais são chamados de *acordos multilaterais* ou *convenções*.

Como se estudará mais adiante (Capítulo 5), o art. 1º do Código Brasileiro de Aeronáutica (cba) estabelece que "O Direito Aeronáutico é regulado pelos Tratados, Convenções e Atos Internacionais de que o Brasil seja parte" (Brasil, 1986). Sendo assim, não podemos afastar o estudo das convenções, sob o risco de não se compreender qual a origem e o porquê de muitas regras serem aplicadas no nosso cotidiano. O direito é melhor compreendido e, dessa forma, mais bem aplicado quando se compreende o contexto da criação normativa, fato que, inclusive, pode contribuir para seu aperfeiçoamento.

Quando atentamos para o art. 1º do CBA, dado como exemplo, temos a impressão de que o legislador nacional definiu *tratado* de modo diferente de *acordo* e, também, de *convenção*. No entanto, isso deve ser visto com cautela. No passado, os tratados se revestiam de natureza política, as convenções tratavam de temas econômicos e administrativos e os atos internacionais poderiam se referir a ambos sem maiores diferenciações.

Mais modernamente, a Convenção de Viena sobre o Direito dos Tratados, de 1969, a qual foi recepcionada no Brasil por intermédio do Decreto n. 7.030, de 14 de dezembro de 2009, define, em seu art. 2º, 1, "a", que "'tratado' significa um acordo internacional concluído por escrito entre Estados e regido pelo Direito Internacional, quer conste de um instrumento único, quer de dois ou mais instrumentos conexos, qualquer que seja sua denominação específica" (Brasil, 2009b). A ausência de "denominação específica" remete à ideia de que particularidades serão sinalizadas na própria nomenclatura contratual, desfazendo-se a concepção de que são instrumentos diversos entre si. Para tanto, citamos Ricardo Alexandre (2012, p. 199):

> "Tratado Internacional" e "Convenção Internacional" são expressões sinônimas, ambas significando um acordo bilateral ou multilateral de vontades manifestadas por Estados

Soberanos ou organismos internacionais, regularmente representados por órgãos competentes, destinando-se a produzir efeitos jurídicos.

Portanto, a antiga distinção entre tratado, convenção e ato internacional não é mais relevante. Devemos orientar nossos estudos concentrando-nos na importância da celebração desses acordos, que têm a finalidade de ampliar a uniformidade de comportamentos e entendimentos – fatos que contribuem para a facilitação dos negócios e diminuição de custos – entre os Estados e a produção de efeitos jurídicos, a partir de sua incorporação ao ordenamento pátrio (Rezek, 1998).

Agora, cabe passar ao estudo da convenção título desta Seção. Em 10 de dezembro de 1982, na cidade de Montego Bay, na Jamaica, foi celebrada a Convenção das Nações Unidas sobre o Direito do Mar, que, no Brasil entrou em vigor por intermédio do Decreto n. 1.530, de 22 de junho de 1995 (Brasil, 1995). Essa convenção também é conhecida como Convenção da Jamaica; Convenção de Montego Bay; Convemar; CNUDM III; Lei do Mar; e, no âmbito internacional, como *The* Law of the Sea (Martins, 2008) e por *United Nations Convention on the Law of the Sea* (Unclos). Com relação à denominação CNUDM III, salientamos que, antes desta, foram celebradas outras duas conferências que não tiveram aceitação mundial como forma de unificação do direito do mar (Martins, 2008).

A CNUDM III definiu, de forma precisa, os espaços marítimos e consagrou inovações em matéria de direito do mar ao consolidar conceitos herdados dos costumes internacionais e textos esparsos. Ela traz referência de quase todo espaço oceânico e de seus usos: navegação, exploração e exploração de recursos, conservação e contaminação, pesca e tráfego marítimo. Seu texto apresentou inúmeras inovações em diversas áreas não consideradas, ou consideradas superficialmente, nas conferências anteriores, como os direitos de navegação, os limites territoriais marítimos, a investigação científica marinha, o desenvolvimento e a transferência de tecnologia marinha, o direito de exploração de recursos, e a proteção e a preservação do ambiente marinho. (Martins, 2008, p. 49-50)

Nascida após muitas discussões, com a intenção de "esvaziar a questão territorialista do mar sob a ótica da paz e da segurança internacional" (Beirão, 2014, p. 131), bem como para fortalecer a realização dos seus escopos, a Convenção de Montego Bay foi constituída de Autoridade (art. 157), Assembleia (art. 159), Conselho (art. 161), Comissão de Planejamento Econômico (art. 164), Comissão Jurídica e Técnica (art. 165), Secretariado (art. 166), Empresa (art. 170):

> A Assembleia é composta por todos os membros da Autoridade, órgão supremo, com poder de estabelecer a política geral sobre todos os assuntos da competência da Autoridade, e o Conselho é constituído por 36 membros da Autoridade – conforme a Convenção –, órgão executivo da Autoridade, que estabelece as políticas específicas a serem seguidas pela Autoridade sobre todos os assuntos de sua competência, contando, para tal fim, com duas Comissões (Comissão de Planejamento Econômico e Comissão Jurídica e Técnica). Assembleia e Conselho contam, ainda,

com um órgão burocrático, o Secretariado, e com um órgão executor, a Empresa.

O Secretariado compreende um Secretário-Geral e o pessoal de que a Autoridade necessitar, com qualificação científica e técnica. (Mattos, 2014, p. 42)

A convenção é formada por preâmbulo, 17 partes, 9 anexos e ata final. Além das definições citadas, a CNUDM III dedicou-se a apresentar soluções de controvérsias quanto à interpretação da própria convenção entre os Estados, bem como o acesso aos tribunais internacionais (art. 279 a 299).

O Tribunal Internacional do Direito do Mar (TIDM) foi criado por essa convenção, com a finalidade de julgar questões relativas à sua interpretação e à sua aplicação. O TIDM conta com a Câmara de Controvérsias dos Fundos Marinhos, cuja competência está descrita no art. 187 da CNUDM III, estendendo-se a ela a possibilidade de realizar pareceres consultivos (art. 191) sobre questões jurídicas envolvendo suas atribuições (Brasil, 1990).

Contudo, a solução de controvérsias não está monopolizada pelo TIDM. O art. 287 dessa convenção contempla a possibilidade de que as disputas possam ser resolvidas por intermédio do já citado TIDM, pela Corte Internacional de Justiça, por Tribunal Arbitral formado de acordo com o Anexo VII ou por Tribunal Arbitral Especial constituído em conformidade com o Anexo VIII, para situações especificadas no referido Anexo, todas essas entidades devem observar a aplicação correta dessa convenção e das normas de direito internacional com ela compatíveis (art. 293). Assim, "Qualquer decisão proferida por uma corte ou tribunal com jurisdição nos termos da presente seção será definitiva e deverá ser cumprida por todas as partes na controvérsia" (art. 296, 1, Brasil, 1990).

Com relação ao meio ambiente, a CNUDM III baseia-se na soberania de cada Estado sobre seus recursos naturais e estabelece alguns critérios sobre: a proibição de poluir o ambiente de outro Estado ou além de sua jurisdição, a cooperação internacional por intermédio de acordos bilaterais ou multilaterais, a assistência técnica entre nações, o desenvolvimento sustentável, a prevenção de danos ao meio marinho e a responsabilização do Estado (Rolim, 2014).

Mattos (2014) esclarece que a Convenção de Montego Bay tem aspectos positivos e outros negativos. Com relação à primeira dimensão, o autor cita o respeito à soberania, os meios pacíficos de solução de conflitos, a intenção de formar uma ordem econômica equânime, o uso pacífico dos mares e a delimitação dos espaços marinhos; os quais serão tratados detalhadamente na Seção 4.2, quando abordaremos as áreas marítimas. De outro modo, Mattos (2014) afirma que a supremacia de algumas nações, no cenário internacional, impediu que os interesses de Estados mais periféricos fossem mais bem atendidos. Para contextualizar, podemos citar a diminuição do mar territorial brasileiro de 200 milhas – estabelecido pelo Decreto-Lei n. 1.098, de 25 de março de 1970 (Brasil, 1970) – para 12 milhas marítimas com a promulgação da Lei n. 8.617, de 4 de janeiro de 1993 (Brasil, 1993).

Embora falemos de direito marítimo, devemos recordar que nem todos os Estados são banhados por mar. Na América Latina, há dois países nessa situação: Paraguai e Bolívia. O art. 69 dessa convenção trata dos direitos dos Estados sem litoral, e o art. 70, por sua vez, refere-se aos direitos dos Estados geograficamente desfavorecidos. Esses dispositivos refletem a ideia de participação nos "excedentes dos recursos vivos das zonas econômicas exclusivas dos Estados costeiros da mesma sub-região ou região", bem como, no art. 254, de acesso às investigações científicas marinhas (Brasil, 1990).

A partir do art. 133 dessa convenção, trata-se da área, que é um ambiente tido como patrimônio de toda a humanidade. Nesse local, não há incidência da soberania de qualquer Estado e seu uso deve atender a fins pacíficos realizados em prol de toda a humanidade. A denominação *área* abarca os fundos marinhos e o alto mar. Para organizar e realizar a exploração da área, criou-se a Autoridade Internacional dos Fundos Marinhos. Conforme apontamentos de Fiorati (1997), as funções da área eram muito ampliadas, gerando desinteresse de alguns Estados em participar de sua exploração, porque a contribuição financeira deles seria desproporcional aos benefícios que poderiam obter:

> A Convenção de 1982 estabeleceu uma série de funções a serem exercidas pela Autoridade a fim de que pudesse organizar e implementar a exploração de recursos na Área. Essas funções, nos termos da Convenção, eram bastante amplas e, segundo o parecer dos Estados desenvolvidos, que se recusaram a aderir à mesma, contrárias às práticas do livre mercado. Assim, em 1994 foi celebrado um Acordo Geral para a Implementação da Parte XI da Convenção das Nações Unidas sobre o Direito do Mar de 1982, ou Agreement de 1994, que estabeleceu uma série de mudanças na estrutura da Autoridade, em seus órgãos e funções,

visando atender às demandas dos Estados desenvolvidos. Essas modificações terminaram por reduzir suas funções e poderes, dando ao Conselho, em detrimento da Assembleia, maiores possibilidades de ação. (Fiorati, 1997, p. 138)

Embora sejam relevantes as previsões dos art. 69 e 70 ao tratar do comércio exterior, o que mais chama nossa atenção é a previsão do art. 125 sobre o direito de acesso ao mar e a partir do mar, além da liberdade de trânsito:

> 1) Os Estados sem litoral têm o direito de acesso ao mar e a partir do mar para exercerem os direitos conferidos na presente Convenção, incluindo os relativos à liberdade do alto mar e ao patrimônio comum da humanidade. Para tal fim, os Estados sem litoral gozam de liberdade de trânsito através do território dos Estados de trânsito por todos os meios de transporte.
>
> 2) Os termos e condições para o exercício da liberdade de trânsito devem ser acordados entre os Estado sem litoral e os Estado de trânsito interessados por meio de acordos bilaterais, sub-regionais ou regionais.
>
> 3) Os Estados de trânsito, no exercício da sua plena soberania sobre o seu território, têm o direito de tomar todas as medidas necessárias para assegurar que os direitos e facilidades conferidos na presente Parte aos Estados sem litoral não prejudiquem de forma alguma os seus legítimos interesses. (Brasil, 1990)

Embora essa convenção tenha entrado em vigor em 1995, no que se refere ao acesso de países sem litoral, o Brasil, desde 1957, por intermédio do Decreto n. 42.920, de 24 de julho de 1957, promulgou "os Convênios para o estabelecimento, em Paranaguá e Concepción, de um entreposto de depósito franco para as mercadorias exportadas ou importadas pelo Paraguai" (Brasil, 1957). Com relação ao Porto de Paranaguá (PR), o terminal de cargas destinado ao embarque de grãos chegou a ser alvo de disputas no Poder Judiciário.

Contudo, houve o retorno desse terminal ao controle da Administração Nacional de Navegação e Portos do Paraguai (ANNPP), e, atualmente, o Consórcio Mercosul, constituído pelas empresas DIAGRO S/A e CIMBESSUL S/A, é "usufrutuário dos Armazéns da Administración Nacional de Navegación e Puertos de La República Del Paraguay – ANNP, para exploração do Terminal Portuário Alfandegado denominado CIMBESSUL S/A – Centro Integrado de Mercadorias, Bens e Serviços do Mercosul" (Cimbessul, 2021). Na prática, está ocorrendo uma parceria público-privado para a exploração daquele terminal de propriedade da ANNP (Folha do Litoral, 2017).

1.5 *Direito do petróleo e gás e o direito marítimo: o papel do agente do comércio exterior*

O uso do petróleo e do gás é bastante relevante para a economia mundial. No Brasil, em 1975, foi criado o programa PROÁLCOOL. No entanto, a dependência do petróleo como matriz energética ainda é bastante grande. Derivados desse produto são empregados, entre tantas finalidades, na fabricação de roupas, remédios, produtos de higiene e cosméticos. O gás natural é um substituto do petróleo como combustível, mas também faz parte da cadeia de produção de solventes, fertilizantes e é utilizado para a produção de energia elétrica. Com tantas finalidades e destinações, a exploração do petróleo movimenta uma indústria que se atualiza constantemente em busca de novos pontos de extração.

Figura 1.1 – *Alcance do pré-sal*

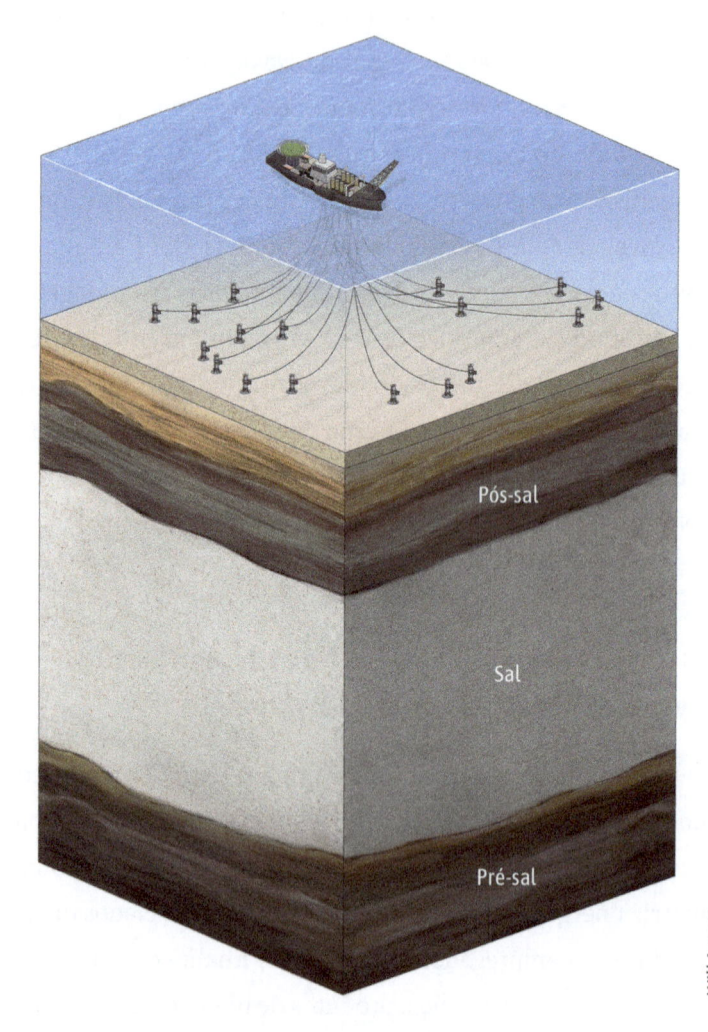

A Figura 1.1 demonstra a importância da evolução tecnológica envolvendo a exploração de petróleo e gás natural. O pós-sal é uma camada mais superficial e, logicamente, mais fácil de ser acessada para sua exploração. No entanto, a necessidade de obtenção dessa matriz energética promoveu a exploração de regiões mais profundas. Tanto que, no Brasil, a partir de 2017, iniciou-se a exploração de petróleo e gás natural (hidrocarbonetos) no pré-sal, região que recebeu acúmulo de matéria orgânica e cuja formação remonta há 100 milhões de anos. A importância do pré-sal está em fartura produtiva:

> Em fevereiro de 2021, a produção brasileira de petróleo e gás natural no Pré-sal foi de aproximadamente 2,6 milhões de barris de óleo equivalente por dia (boe/d). Esse volume representou 71,27% do total do país, o maior percentual de participação do Pré-sal na produção nacional já registrado. A produção total brasileira foi de 3,64 milhões de boe/d. (ANP, 2021)

Como explicado anteriormente, a ampla aplicabilidade do petróleo fez com que novos campos de exploração fossem abertos. Além da extração desse hidrocarboneto, faz-se necessário planejar e realizar seu transporte. Diversos acidentes, tanto na exploração quanto no transporte do petróleo, refletem em alterações e atualizações legislativas para a proteção do ecossistema marinho (Barrientos-Parra; Silva, 2017).

É emblemático o incidente ocorrido com o navio Torrey Canyon, em março de 1967, no Mar do Norte. Nesse episódio, ocorreu o derramamento de 118 toneladas de óleo cru, que atingiram a costa do Reino Unido, o qual bombardeou o navio com a finalidade de queimar o óleo e afundá-lo. O fato aconteceu em águas internacionais, atingindo severamente o ecossistema marinho e a pesca na região.

Essa ocorrência gerou muita discussão internacional, com a realização de algumas convenções. Em 1969, realizou-se a Convenção Internacional sobre Responsabilidade Civil por Danos Causados por Poluição por Óleo (*International Convention on Civil Liability for Oil Pollution Damage* – CLC). No mesmo ano, ocorreu a Convenção Internacional sobre a Intervenção em Alto-Mar em Casos de Poluição Acidental (*International Convention Relating to Intervention on the High Seas in Cases of Oil Pollution Casualties*). No ano de 1971, celebrou-se a Convenção para o Estabelecimento de um Fundo Internacional de Compensação por Danos Causados pela Poluição por Óleo (*International Convention on the Establishment of an International Fund for Compensation for Oil Pollution Damage*), na Conferência de Bruxelas. Em 1973, transcorreu a Convenção que chamamos de MARPOL (*International Convention for the Prevention of Pollution from Ships*) (Barrientos-Parra; Silva, 2017).

A Lei n. 9.966, de 28 de abril de 2000, "dispõe sobre a prevenção, o controle e a fiscalização da poluição causada por lançamento de óleo e outras substâncias nocivas ou perigosas em águas sob jurisdição nacional" (Brasil, 2000). Essa Lei faz referência a Marpol 73/78, CLA/69 e OPCR/90 (convenções que serão apresentadas na Seção 2.5), pois complementa as determinações apresentadas por essas convenções.

Toda essa produção de petróleo e gás interessa ao direito marítimo e ao comércio exterior porque são realizadas no mar e dependem de contratos para serem executadas: "No comércio exterior as vendas marítimas são consolidadas por meio de contratos internacionais. A exploração e produção de petróleo e gás, a navegação *offshore*, os investimentos estrangeiros e a construção naval também envolvem, frequentemente, negociações internacionais" (Martins, 2013, p. 204). No Capítulo 3, analisaremos os elementos contratuais para complementar as informações aqui apresentadas. Portanto, fica demonstrado que as frotas de navios especializados no transporte de petróleo e gás também interessam ao estudo do comércio exterior, pois fazem parte das transações comerciais das nações.

Não podemos afastar o estudo do direito, tampouco do comércio internacional, das questões econômicas inerentes ao tema desta Seção, visto que a exploração de recursos naturais dos mares gera lucro aos exploradores e *royalties* decorrentes dessa exploração, os quais podem ser pagos ao Estado, se a plataforma estiver em mar territorial brasileiro, ou para outros Estados envolvidos (art. 82 da CNUDM III) (Chedid; Santos, 2019).

2
Regulamentação do direito marítimo

A VIDA EM SOCIEDADE EXIGE ORGANIZAÇÃO. PARA ISSO, É NEcessário que existam parâmetros comportamentais. Dessa maneira, sabemos o que podemos fazer e os comportamentos a exigir dos demais membros da sociedade. As legislações criadas têm a finalidade de regular situações sociais, assim, obrigam certas condutas e proíbem outras. As legislações podem suceder-se no decorrer do tempo, adaptando-se às necessidades impostas pela coletividade e aos comportamentos que passam a ser tolerados ou deixam de serem praticados.

Internacionalmente, remontando à época da Idade Antiga (3500 a.C até 476 d.C), foi firmada a Declaração *Mare Nostrum* pelo Império Romano sobre o Mar Mediterrâneo. Na Idade Moderna (1453 até 1789), com as Grandes Navegações, a cidade de Veneza proclamou sua autoridade sobre o Mar Adriático; Suécia a Dinamarca, sobre o Mar Báltico; Inglaterra, sobre o Mar do Norte, enquanto Portugal e Espanha tomavam para si o Oceano Índico e Atlântico Sul, Pacífico e Atlântico Norte, respectivamente (Martins, 2008).

À medida que essas nações foram perdendo poder militar, e sob a influência da publicação da obra *Mare Liberum* (1609), de Hugo Grotius, foi sendo acolhido o princípio da liberdade de navegação marítima (Martins, 2008). Essa sucessão de fatos, aliada à liberdade de navegação, contribuiu para que as nações celebrem convenções e acordos entre si para a regulamentação da atividade marítima mundial. O tema convenções será retomado em breve, na Seção 2.5. Agora, voltaremos a examinar o direito marítimo na legislação nacional.

No Brasil, a Constituição Federal (CF) materializa a soberania popular (art. 1º, § único, CF). Dessa forma, nossa Lei Maior é a CF, tida por Lei Fundamental no sentido de que todas as outras legislações em vigor devem obter na CF seu fundamento de validade (Bastos, 1999). Como anteriormente estudado, a CF está no topo da estrutura normativa (Seção 1.3).

O direito marítimo é tratado na CF de 1988 no art. 21, incisos XII, alíenas "d" e "f", e XXII, dispositivos que remetem à exploração, pela União, por intermédio de concessão ou permissão, os serviços aquaviários e os portos marítimos. O art. 22, incisos I e X, da CF, estabelece que somente a União pode legislar sobre direito marítimo, regime dos portos e navegação, evitando que estados e municípios também legislem sobre esse tema, os quais poderiam criar normas conflitantes com a legislação federal, desprestigiando a uniformização, característica tão valiosa para maior efetividade e eficiência do sistema de transporte.

O art. 177, inciso IV, da CF, estipula o monopólio da União para o transporte marítimo de petróleo bruto de origem nacional, bem como de seus derivados básicos aqui produzidos. Igualmente na CF, encontramos o art. 178, parágrafo único, que estabelece a necessidade de lei para tratar de assuntos relacionados ao transporte aquático e ao uso de embarcações estrangeiras. Cumpre chamar atenção que esse artigo faz referência à necessidade de observar "acordos firmados pela União"(Brasil, 1988). Assim, as convenções internalizadas ao arcabouço jurídico nacional têm observância obrigatória (Chropacz, 2020).

O tráfego aquaviário é regulamentado pela Lei n. 9.432, de 8 de janeiro de 1997 (Brasil, 1997b), cuja observação é exigida dos armadores, das empresas de navegação, das embarcações brasileiras, das embarcações estrangeiras que sejam afretadas por armadores brasileiros, bem como aquelas que tenham acordos firmados pela União (art. 1º). Essa legislação traz diversas definições em seu art. 2º, e, no art. 11, encontramos informações sobre o Registro Especial Brasileiro (REB), bem como ações voltadas para o desenvolvimento da marinha mercante.

A Lei n. 12.314, de 19 de agosto de 2010 (Brasil, 2010b), criou a Secretaria de Portos da Presidência da República (SEP), com a finalidade de assessorar diretamente o "Presidente da República na formulação de políticas e diretrizes para o desenvolvimento e o fomento do setor de portos e terminais portuários marítimos" (art. 24-A, Brasil, 2010b). A constituição da SEP "demonstrou a conscientização da relevância desta atividade no cenário econômico brasileiro e a centralização de competências nesta Secretaria a partir do novo marco regulatório demonstra o desejo de fortalecimento e centralização das estratégias para o setor portuário" (Vianna; Marques; Sancio, 2020, p. 152).

Em 2001, decorrente do Programa Nacional de Desestatização, iniciado na década de 1990, foi criada a Agência Nacional de Transportes Aquaviários (Antaq), por intermédio da Lei n. 10.233, de 5 de junho de 2001 (Brasil, 2001b), com a finalidade de reestruturar o transporte aquaviário, promover sua regulamentação e fiscalização. A Antaq, autarquia vinculada ao Ministério da Infraestrutura, tem as seguintes atribuições:

> regular, supervisionar e fiscalizar as atividades de prestação de serviços de transporte aquaviário e de exploração da infraestrutura portuária e aquaviária.

A Agência dedica-se a tornar mais econômica e segura a movimentação de pessoas e bens pelas vias aquaviárias brasileiras, em cumprimento a padrões de eficiência, segurança, conforto, regularidade, pontualidade e modicidade nos fretes e tarifas. Arbitra conflitos de interesses para impedir situações que configurem competição imperfeita ou infração contra a ordem econômica, e harmoniza os interesses dos usuários com os das empresas e entidades do setor, sempre preservando o interesse público. (Antaq, 2022)

Essas atribuições foram otimizadas com o estabelecimento do marco regulatório do setor pela Lei n. 12.815, de 5 de junho de 2013 (Brasil, 2013b), a qual foi regulamentada pelo Decreto n. 8.033, de 27 de junho de 2013 (Brasil, 2013a). Quando falamos em *marco regulatório*, deve-se ter em mente o estabelecimento de legislação com a finalidade de diminuir conflitos, pois visa à conciliação de necessidades de usuário, Administração Pública e exploradores, gerando maior segurança jurídica ao setor regulado.

Castro Júnior (2020, p. 515) explica que o marco regulatório tem a finalidade de gerar estabilidade aos investidores que têm interesse em investir no setor público. No entanto, a estabilidade proposta não deve ser entendida como imutabilidade, uma vez que adaptações contatuais podem ser realizadas justamente para que o instrumento celebrado continue gerando efeitos entre as partes e satisfazendo o interesse público.

A publicação da Lei n. 12.815/2013, conhecida como Lei dos Portos, é relevante ao direito marítimo e ao comércio exterior, pois esse segmento econômico é expressivo em nossa economia:

> Trata-se de indústria que exige uma grande sinergia entre as várias cadeias de fornecedores de produtos (mineração, siderurgia, construção naval, dentre outros) e prestadores de serviços (engenharia naval, finanças, assessoria jurídica, dentre outros), que atuam em rede transnacional, de modo que o papel do Estado, por meio da regulação setorial independente, com a força normativa da Constituição, é fundamental.
>
> Por sua vez, o grau de especialização das empresas de navegação é grande e o business model do sucesso de tais companhias, em decorrência do dinamismo do comércio internacional, especialmente pelo impacto da tecnologia, inclusive com a construção e exploração comercial de navios sem tripulação, pode mudar no futuro próximo. (Castro Júnior, 2020, p. 506)

A atividade portuária é essencial para as realizações das trocas econômicas, pois garantem o sucesso do Comércio Internacional, assim, devem ter suas atividades facilitadas, diminuindo-se os entraves para suas operações e contratações.

2.1 *Organizações internacionais e o direito marítimo*

As organizações internacionais têm a finalidade de promover a cooperação entre as nações. As relações mundiais demandam a existência dessas organizações porque há a necessidade de coadunar o interesse de diversos atores internacionais diante dos problemas existentes. Os períodos de paz posteriores ao fim das duas grandes Guerras Mundiais contemplaram a criação de diversas entidades internacionais, algumas com finalidades governamentais, outras não governamentais (Hamann, 2005), tanto que o século XX é referenciado como o "século das organizações internacionais", devido à grande quantidade de organizações criadas com fins políticos, econômicos, militares, culturais, sindicais e religiosos (Santos, 2006, p. 5).

Em 1919, foi criada a Liga, ou Sociedade, das Nações, em decorrência do Tratado de Versalhes, com a finalidade de "preservar a paz entre as nações", ao primar pela cooperação econômica, cultural e científica. Com o início da Segunda Guerra Mundial, a Liga das Nações deixou de existir (Rezek, 1998).

No ano de 1945, foi concebida a Organização das Nações Unidas (ONU), com o objetivo de fomentar a paz e o progresso mundial. A ONU é composta por Assembleia Geral, Conselho de Segurança, Conselho Econômico e Social, Conselho de Tutela, Tribunal Internacional de Justiça e Secretariado. As agências especiais não fazem parte da estrutura da ONU, são entidades autônomas que mantêm parceria com a instituição. Em se tratando de direito do comércio internacional e seu desenvolvimento, há a atuação da Comissão das Nações Unidas para o Direito em Comércio Internacional, em inglês: *United Nations Commission on International Trade Law* (Uncitral).

Cabe destacar que a Uncitral desenvolveu a *Model Law on Eletronic Commerce*, lei modelo sobre o comércio eletrônico, em 1996. O termo *lei modelo* remete à finalidade desse documento de apresentar princípios diretivos para que outras nações incorporem, em suas legislações, normativos que visam facilitar a realização do comércio eletrônico.

Fazemos referência também a outras organizações regulatórias, como a *International Maritime Organization* (IMO), que atua na segurança da navegação marítima e na proteção do meio ambiente marinho; a Organização Mundial do Comércio (OMC), com foco no controle aduaneiro e nas medidas de defesa comercial; e a Organização Internacional do Trabalho (OIT), que, em nosso tema particular, interessa sua ação de proteção ao trabalho marítimo e portuário.

Com o aumento do comércio entre as nações e a evolução tecnológica, é necessário que legislações sejam atualizadas, com a finalidade de evitar conflitos decorrentes do tráfico e tráfego marítimos. Desta feita, a celebração das convenções internacionais entre os países são oportunidades de diminuir diferenças legislativas, facilitando a operação marítima:

> Evidentemente, os países que não se ratificam à legislação internacional têm os seus navios praticamente banidos do tráfego internacional, razão pela qual os principais dispositivos de tais normas internacionais são ratificados por, praticamente, toda a comunidade marítima. Ou ainda ocorre, com frequência, que independentemente da obrigatoriedade advinda da condição de Estado signatário das convenções, os Estados elaboram as suas legislações internas de maneira que concilie os interesses do Estado

e seus particulares com as normativas internacionais e viabilize, portanto, a continuidade das transações internacionais. Decorre, ademais, as circunstâncias nas quais os próprios armadores cumprem preceitos dos tratados internacionais em face não só de uma postura empresarial ética, consciente e coerente com a própria atividade, mas essencialmente em função da responsabilidade social da empresa e dos preceitos de desenvolvimento sustentável. (Martins, 2008, p. 25)

A não coadunação com a prática legislativa internacional dificulta a inserção dessa nação no comércio internacional. Portanto, devemos ter em mente que os acordos celebrados, embora ocorram no campo do direito, têm raízes mais profundas e fortemente atreladas às relações econômicas e comerciais.

2.2 Organização marítima internacional (OMI)

A Organização Marítima Internacional (OMI) – do inglês *International Maritime Organization* (IMO) – foi criada pela ONU, em 1948, com a finalidade de fomentar a eficiência da navegação, promovendo "mecanismos de cooperação, segurança marítima e a prevenção da poluição", bem como a "remoção de óbices ao tráfego marítimo" (Marinha do Brasil, 2022c).

As finalidades citadas são mais bem explicadas quando vinculadas à segurança para a realização da navegação, às ações de busca e salvamento para a salvaguarda da vida humana no mar, à prevenção de atos ilícitos, à uniformização de ações em portos e à realização de serviço a bordo.

a IMO atua no preparo, discussão, adoção e aplicação de regras e procedimentos (convenções, códigos, regulamentos etc.), fiscalização de seu cumprimento e até, em certos casos, aplicação de punições por falhas cometidas, sendo a entidade uma verdadeira Autoridade Marítima Internacional, inclusive auxiliando na implantação e aperfeiçoamento de Autoridades Marítimas locais. (Pereira, 2014, p. 410)

O Brasil é país membro da OMI deste 1963. Cumpre salientar que, até o início da década de 1980, a organização era chamada de *Inter-Governmental Maritime Consultative Organization* (Imco).

Lembramos que as convenções internacionais, ratificadas pelo Brasil, precisam ser internalizadas ao nosso ordenamento jurídico. O resultado da internalização da convenção internacional criadora da OMI ocorreu por intermédio do Decreto n. 52.493, de 23 de setembro de 1963 (Brasil, 1963).

Para que as finalidades da OMI sejam alcançadas, essa organização poderá emitir pareceres, recomendações, propor novas convenções, assim como facilitar a troca de informações entre os Estados-membros. Conforme o art. 12 do Decreto n.52.493/1963, "A Organização compreende uma Assembléia, um Conselho, uma Comissão de segurança marítima e demais organismos auxiliares que a Organização a qualquer momento julgue necessário criar, e um Secretariado" (Brasil, 1963). Toda essa estrutura tem o escopo de permitir que a OMI possa realizar seus objetivos.

Essa organização criou o *International Safety Managenent Code* (ISM *Code*) – Código de Gerenciamento Ambiental –, cuja finalidade é "tornar a navegação mais segura e confiável, protegendo, ao mesmo tempo, os mares e oceanos" (Cremoneze, 2015, p. 45). Navios que realizam transporte de petróleo, gás, químicos, granéis e passageiros são obrigados a ter o respectivo IMS *Code*.

2.3 *Outras organizações internacionais e o direito marítimo*

A OMI é uma grande referência nas questões marítimas, contudo, não é a única organização cuja atuação reflete nesse setor. Entre esses outros organismos, podemos citar a *International Law Association* (ILA) para a promoção do direito internacional, com criação reportada ao final do século XIX, no ano de 1873. Em matéria marítima, sua primeira atuação relevante ocorreu em 1897, com a constituição do Código Uniforme em Matéria de Avaria Grossa, também conhecido como Regras de York e Antuérpia (Martins, 2008).

A *International Transport Federation* (ITF), ou *International Transport Workers Federation*, foi estabelecida em 1896, com a finalidade de melhorar as condições de trabalho a bordo, congregando sindicatos de várias nacionalidades. Em 1905, foi criada a *Baltic & International Maritime Council* (Bimco), visando congregar associações de "armadores, fretadores, corretores de navios e agentes" (Bimco, 2022). Já a *International Shipping Federation* (ISF) tem o intuito de representar armadores em assuntos trabalhistas, atuando desde 1909.

Em 1921, foi concebida a *International Chamber of Shipping* (ICS) com a finalidade de representar associações de armadores:

> ICS é a associação comercial global para armadores e operadores, representando as associações nacionais de armadores do mundo e mais de 80% da frota mercante mundial. ICS tem membros de cerca de 40 países.
>
> [...]
>
> O ICS tem como objetivo influenciar positivamente as mudanças regulatórias, mantendo altos padrões de qualidade, segurança e proteção ambiental.
>
> ICS é uma associação comercial internacional, independente e sem fins lucrativos com sede em Londres. (ICS, 2022, tradução nossa)

A Associação Brasileira de Direito Marítimo (ABDM) foi criada em 1961 com a missão de divulgar o direito marítimo. Cumpre destacar que a ABDM é filiada ao Comitê Marítimo Internacional (CMI), que se dedica à unificação de normas jurídicas e de práticas comerciais em âmbito internacional. Em 1970, estabeleceu-se a *International Marine Purchasing Association* (Impa), cujo mote é a segurança no mar, estudos sobre navegação e poluição causada por navios. No mesmo ano, o mundo foi apresentado à *International Shipowners Association* (Insa), a qual fulcra sua atenção em temas jurídicos e técnicos com a finalidade de proporcionar, à navegação marítima internacional, segurança e liberdade comerciais.

A OIT foi criada em 1979, e, a seu respeito, cumpre saber: "A convenção da OIT de maior relevância para a marinha mercante é a Convenção n. 147, que estabelece normas mínimas para a Marinha Mercante, de 1976, e a Recomendação n. 155 sobre estabelecimento dos salários dos marítimos, de 1976" (Martins, 2008, p. 28).

Ao tratar das organizações, cabe citar os Clubes de Seguro (CS), que promovem o resseguro de ocorrências marítimas. A atividade de resseguro é muito praticada no mundo inteiro, inclusive na aviação, para evitar que, em caso de pagamento de indenização, a empresa seguradora deixe de cumprir com a obrigação pactuada (Igpandi, 2022). Os CS foram criados pelos próprios armadores ou operadores para garantir os riscos não segurados nas apólices. Atualmente, outros riscos podem ser cobertos, no entanto, os CS não são seguradoras, mas um grupo com o intuito de dividir os custos do prejuízo de algum integrante, conforme as regras do CS. A finalidade é evitar a quebra da empresa que precise efetuar o pagamento de indenização estabelecida em apólice.

A respeito das Sociedades Classificadoras (SC), mencionamos que:

> São organizações reconhecidas com Delegação de Competência estabelecida de acordo com as Normas da Autoridade Marítima para Reconhecimento de Sociedades Classificadoras para Atuarem em Nome do Governo Brasileiro – NORMAM 06, na implementação e fiscalização da correta aplicação dos requisitos das Convenções e Códigos Internacionais ratificados pelo Brasil e Normas Nacionais pertinentes, relativas à segurança da navegação, salvaguarda da vida humana e prevenção da poluição ambiental (Marinha do Brasil, 2022d)

Observem que as SC desempenham o papel relevante de operar em nome da Autoridade Marítima Brasileira, contribuindo para análise de projetos, monitoramento de construções e fiscalização de embarcações (Martins, 2008).

A Organização Mundial do Comércio (OMC) – em inglês, *Word Trade Organization* – foi criada em 1995, em evolução ao Acordo Geral de Tarifas e Comércio – *General Agreement on Tariffs and Trade* (GATT). Defendemos o uso do termo *evolução*, e não *substituição*, porque "o GATT ainda continua em vigor até os dias de hoje, funcionando como o grupo de regras que organiza o comércio entre os participantes da OMC" (Fazcomex, 2021a). O GATT está vinculado a acordos comerciais, com a finalidade de reduzir entraves geralmente relacionados a tarifas e taxas aduaneiras entre os países participantes do comércio internacional, tendo grande dependência da atuação diplomática para sua realização.

De outra volta, a OMC é a entidade responsável pela regulamentação do comércio mundial e administração dos principais acordos comerciais entre os Estados. Portanto, o GATT, por tratar de acordos, é destituído da natureza organizacional. A atuação principal da OMC é a busca de solução de conflitos, facilitando a realização do comércio e a respeitabilidade no cumprimento contratual entre os Estados:

> A cooperação mútua se valoriza, e a OMC servirá para reforçar estas repetições e as possibilidades de barganha, para com isso trazer cada vez mais a necessidade de cooperação entre os países. Além disso, a OMC centraliza a interpretação das regras de comércio internacional, diminuindo

a possibilidade de violação disfarçada de divergência de entendimento. (Gattei, 2002, p. 113)

Levantada a importância do comércio eletrônico nas trocas comerciais internacionais (Seção 2.1), a OMC não poderia se furtar de apresentar soluções e de expandir sua atuação para os meios digitais, promovendo a regulamentação nesse setor, bem como a implementação de medidas protetivas para evitar a ocorrência de crimes cibernéticos.

A *International Chamber of Commerce* (ICC), que, em português, é conhecida como Câmara Internacional do Comércio (CCI), é uma organização internacional de empresas voltada para o fortalecimento do comércio internacional, atuando de maneira a diminuir os entraves do ingresso em novos mercados consumidores. Destacamos, ainda, a existência da Corte Internacional de Arbitragem da ICC, que é "a instituição líder mundial na resolução de litígios comerciais" (ICC Brasil, 2022).

2.4 Codificação do direito marítimo

Em direito, os códigos têm a finalidade de, em uma única legislação, abordar várias facetas de um mesmo assunto, facilitando a pesquisa e leitura da legislação. No âmbito do direito:

> Em 1986, é publicada a Lei n.º 7.565 chamada de Código Brasileiro de Aeronáutica – CBA. Chama-se essa legislação de Código porque ela contempla em seu bojo diversas matérias relativas à Aviação Civil, como: determinações sobre o espaço aéreo, sobre a construção e utilização de

aeródromos, a respeito da propriedade de aeronaves e seu registro, dentre outros. Esses itens indicam a variedade de temas abordados nessa legislação, por isso seu tratamento como código. (Chropacz, 2020, p. 28)

A definição de Chropacz (2020) explicita que um código tem a finalidade de contemplar, em seu bojo, de maneira organizada, diversos tópicos relativos a determinada temática. Mesmo sendo uma legislação tão ampla, é impossível que um código trate de todas as proposições que podem decorrer de um assunto, até porque, atualizações são necessárias. Assim, "Um código, enquanto macrossistema, é um 'universo legislativo' que a partir de uma lei geral pretende reger todo um setor da vida social; isso porém, na sociedade hodierna é tanto mais inviável quanto maior o espectro de regência da codificação" (Amaral, 2006, p. 146). Portanto, é possível afirmar que "todo Código é um conjunto sistemático de normas, mas não é exaustivo" (Pacheco, 1998, p. 27).

Em se tratando de direito marítimo, as legislações e, consequentemente, os códigos são tão antigos quanto a realização das navegações pelos homens: "temos como exemplo o Código de Hammurabi, elaborado no século XXIII a.C., no qual já se encontravam normas sobre construção naval, fretamento de navios a vela e a remo, questões que cercavam eventos de abalroamento, responsabilidade do fretador e indenização por danos causados" (Ferreira, 2015, p. 4). Entre outros códigos da história, podemos citar o Código de Manu e a Lei de Rhodes, publicados na Idade Antiga, e o *Corpus Iuris Civilis* Romano, publicado na Idade Média, como exemplos de codificações em matéria marítima.

Durante a Idade Média, devemos lembrar da existência das corporações de ofício, que controlavam a qualidade dos produtos, mas que, no entanto, também ditavam seus preços e evitavam a entrada de novos entrantes nesse mercado; portanto, era uma forma de controle comercial. Com o desenvolvimento mercantil e a internacionalização dessa atividade, as corporações de ofício iniciaram o declínio de seu poder de outrora. De outro lado, o direito comercial começou a galgar mais relevância, pois era necessário organizar o comércio que se fortalecia. Nesse sentido, em 1804, o Código Civil francês, considerado o "marco da codificação é resultado direto da Revolução Francesa e do liberal-individualismo-iluminista, e *positivou* muitos dos direitos subjetivos defendidos como naturais (igualdade de todos perante a lei...)" (Amaral, 2006, p. 148).

Com a chegada da família real portuguesa ao Brasil, decorrente das invasões napoleônicas na Europa, houve a publicação de novas legislações, como a Lei de Abertura dos Portos (1808) e a criação de entidades para o desenvolvimento da atividade comercial, tal como a Real Junta de Comércio, Agricultura, Fábricas e Navegação (Requião, 1998, p. 16). Criou-se o Código Comercial (cco) de 1850, que está parcialmente em vigor (arts. 457 a 796), tratando da propriedade de embarcações, fretamento, seguros, comércio marítimo e outros temas correlatos. Ressaltamos que o intérprete da legislação deve fazer o cotejo dela com a época atual, haja vista a evolução tecnológica e das práticas comerciais no decorrer do tempo.

Curiosidade

Alguns projetos mais contemporâneos visaram à atualização do Código Comercial (cco) de 1850. Como exemplo, o Projeto de Lei n. 487/2013, que tramita no Senado, tem como objetivo a reforma do cco (Brasil, 2013c). Na Câmara dos Deputados, tramitava o Projeto de Lei n. 1.572/2011, o qual foi arquivado em 2019 (Brasil, 2011a). O mote dessas informações não é discutir qual dos dois projetos é o melhor, mas trazer à tona a necessidade de uma legislação coadunada com a realidade comercial brasileira contemporânea, a qual é incomparável com a vivência que se praticava em 1850. A evolução tecnológica ocorrida e a aceleração das trocas comerciais dão ensejo a novas ocorrências comerciais, as quais precisam de solução moderna e eficaz. No Projeto de Lei n. 487/2013, há capítulo voltado ao Direito Comercial Marítimo, no entanto, não trata do direito comercial aéreo, o qual contribui para a consecução das trocas comerciais atuais.

Para acompanharmos a evolução das normas que regeram o tema, o Quadro 2.1 apresenta resumidamente a pontuação de normas brasileiras vinculadas ao direito marítimo.

Quadro 2.1 – *Legislações voltadas ao direito marítimo*

NORMATIZAÇÃO	DISPOSIÇÃO
Lei n. 2.180/1954	Dispõe sobre o Tribunal Marítimo.
Lei n. 7.203/1984	Dispõe sobre a assistência e salvamento de embarcação, coisa ou bem em perigo no mar, nos portos e nas vias navegáveis interiores.
Lei n. 7.273/1984	Dispõe sobre a busca e salvamento de vida humana em perigo no mar, nos portos e nas vias navegáveis interiores.

(continua)

(Quadro 2.1 – conclusão)

NORMATIZAÇÃO	DISPOSIÇÃO
Lei n. 7.542/1986	Dispõe sobre a pesquisa, exploração, remoção e demolição de coisas ou bens afundados, submersos, encalhados e perdidos em águas sob jurisdição nacional, em terreno de marinha e seus acrescidos e em terrenos marginais, em decorrência de sinistro, alijamento ou fortuna do mar.
Lei n. 7.652/1988	Dispõe sobre o registro da propriedade marítima.
Lei n. 7.661/1988	Institui o Plano Nacional de Gerenciamento Costeiro.
Lei n. 8.374/1991	Dispõe sobre o seguro obrigatório de danos pessoais causados por embarcações ou por sua carga.
Lei n. 8.617/1993	Dispõe sobre o mar territorial, a zona contígua, a zona econômica exclusiva e a plataforma continental brasileiros.
Lei n. 9.432/1997	Dispõe sobre a ordenação do transporte aquaviários (Lei de Cabotagem).
Lei n. 9.537/1997	Dispõe sobre a segurança do tráfego aquaviário em águas sob jurisdição nacional.
Lei n. 9.611/1998	Dispõe sobre o transporte multimodal de cargas.
Lei n. 9.966/2000	Dispõe sobre a prevenção, o controle e a fiscalização da poluição causada por lançamento de óleo e outras substâncias nocivas ou perigosas em águas sob jurisdição nacional.
Lei n. 10.233/2001	Dispõe sobre a reestruturação dos transportes aquaviário e terrestre, cria o Conselho Nacional de Integração de Políticas de Transporte, a Agência Nacional de Transportes Terrestres, a Agência Nacional de Transportes Aquaviários e o Departamento Nacional de Infraestrutura de Transportes.
Lei n. 12.815/2013	Dispõe sobre a exploração direta e indireta pela União de portos e instalações portuárias e sobre as atividades desempenhadas pelos operadores portuários (Lei dos Portos).

Essa relação não é exaustiva, há outras legislações tratando de uma gama variada de temas marítimos. Entretanto, para que a leitura não se tornasse extenuante, optamos por selecionar aquelas que entendemos mais relevante ao agente de comércio internacional, visando facilitar sua atuação profissional.

Não podemos deixar de citar que as convenções internacionais fazem parte da relevante atividade de codificação do direito marítimo. Como apresentado na Seção 1.4, por exemplo, a Convenção de Montego Bay decorreu da necessidade de aperfeiçoar e unificar temas relacionados ao direito marítimo, mas que não foram bem recepcionados pelas nações nas CNUDM I e CNUDM II.

Por fim, citamos a publicação da Norma da Autoridade Marítima (Normam), cuja função primordial é procedimentalizar temas relevantes para a realização da atividade marítima no Brasil. Conhecer a existência da Normam é importante para o profissional da área, visto que cada normatização aborda diversos segmentos vinculados ao tema principal.

2.5 Convenções internacionais ratificadas pelo Brasil

Seguindo o mesmo procedimento já apresentado com relação às legislações, entendemos que não é necessário indicar todas as convenções internacionais ratificadas pelo Brasil. Nesse sentido, comentaremos as principais convenções no intuito de facilitar a compreensão do leitor, dando-lhe uma visão ampla sobre a matéria tratada.

A Convenção de Direito Internacional Privado, igualmente conhecida como Código Bustamante, foi recepcionada no Brasil pelo Decreto n. 18.871, de 13 de agosto de 1929 (Brasil, 1929). Sua relevância está em abordar diversos temas para os países signatários localizados na América. O comércio marítimo é tratado a partir do art. 274 e seguintes. O pavilhão e a lei incidente sobre ele regem relações creditícias, obrigações do capitão e abalroamento.

A Convenção para a Facilitação do Tráfego Marítimo Internacional foi celebrada em 1967, com o propósito de unificar procedimentos e facilitar o tráfego marítimo, simplificando formalidades burocráticas pela instituição de práticas recomendadas (art. 4º). As definições para a correta aplicação da convenção são encontradas no Capítulo Primeiro do Anexo da própria convenção. No Brasil, essa Convenção foi recepcionada por intermédio do Decreto n. 80.672, de 7 de novembro de 1977 (Brasil, 1977).

A Convenção Internacional de Responsabilidade Civil por Poluição Causada por Óleo, ocorrida em 1969, destinou-se a navios-tanque da marinha mercante dos países signatários, estabelecendo valores mínimos para as reparações dos danos ocasionados. No Brasil, foi promulgada pelo Decreto n. 79.437, de 28 de março de 1977 (Brasil, 1977).

No mesmo ano, ocorreu a Convenção Internacional relativa à Intervenção em Alto-Mar em caso de Acidentes por Óleo – *Intervention 69*. No Brasil, foi promulgada pelo Decreto n. 6.478, de 9 de junho de 2008, que autoriza a intervenção, em alto mar, do país costeiro, com a finalidade de "prevenir, atenuar ou eliminar os perigos graves e iminentes de poluição ou ameaça de poluição das águas do mar por óleo, para suas costas ou interesses conexos, resultante de um acidente marítimo ou das ações relacionadas a tal acidente" (Brasil, 2008a).

A Convenção Internacional para a Prevenção da Poluição por Navios, também chamada de MARPOL, "tem por propósito o estabelecimento de regras para a completa eliminação da poluição intencional do meio ambiente por óleo e outras substâncias danosas oriundas de navios, bem como a minimização da descarga acidental daquelas substâncias no ar e no meio ambiente marinho" (Marinha do Brasil, 2022b). Sua publicação ocorreu em 1973, e, em 1978, esse documento foi emendado, por essa razão é também conhecida como MARPOL 73/78. No Brasil, essa Convenção passou a vigorar por intermédio do Decreto n. 2.508, de 4 de março de 1998 (Brasil, 1998a). A MARPOL tem seis anexos, a seguir organizados no Quadro 2.2.

Quadro 2.2 – **Anexos MARPOL**

Anexo I	Óleo
Anexo II	Substâncias líquidas nocivas transportadas a granel
Anexo III	Substâncias prejudiciais transportadas em forma empacotada
Anexo IV	Esgoto
Anexo V	Lixo
Anexo VI	Poluição de ar

Em todos os anexos, há normas e práticas recomendadas para o estabelecimento de padrões para a marinha mercante. Os anexos têm o mesmo valor normativo da convenção. A questão da poluição causada por óleo é bastante sensível, tanto que diversas convenções tratam sobre o tema, ampliando os vieses na perspectiva de alargar a proteção ao ambiente marítimo.

Em 1990, tivemos a Convenção Internacional Relativa à Preparação, Resposta e Cooperação em casos de Poluição por Óleo – OPRC 90. Na legislação nacional, foi promulgada pelo Decreto n. 2.870, de 10 de dezembro de 1998 (Brasil, 1998d) e tem por objetivos a preservação do meio-ambiente contra os efeitos danosos da poluição por óleo provinda de navios, plataformas petrolíferas e portos marítimos. Essa convenção incentiva a assistência mútua e a cooperação internacional, fomentando respostas rápidas e efetivas para a remediação dos efeitos poluidores. Em seu art. 19, há orientações que remetem ao princípio do poluidor-pagador. Em direito ambiental, a responsabilidade pelo dano ambiental ocorrido cabe ao poluidor, que deve recuperar ou indenizar os danos causados, prevista na CF (art. 225, § 3º) e na Lei n. 6.938, de 31 de agosto de 1981 (Brasil, 1981) (art. 4º, VII e art.14, §1º).

Por fim, cabe referência a um importante instrumento para regular a *safety* na navegação, a saber, a convenção Safety of Life at Sea (Solas), ocorrida em 1º de novembro de 1974. No Brasil, essa convenção foi internalizada como Convenção sobre a Salvaguarda da Vida Humana no Mar, que trata de "estabelecer os padrões mínimos para a construção de navios, para a dotação de equipamentos de segurança e proteção, para os procedimentos de emergência e para as inspeções e emissão de certificados" (Marinha do Brasil, 2022e).

Essas convenções mencionadas, destacando aquelas que foram ratificadas pelo Brasil, orientam a atuação do profissional de comércio exterior, o qual, sendo conhecedor delas, pode bem orientar seu cliente para realizar as trocas comerciais desejadas.

3
Marinha mercante e o direito marítimo

Navios mercantes podem ser públicos ou privados. Navio público é o militar, pertencente às Forças Armadas (art. 142 da Constituição Federal), ou civil com natureza pública, a exemplo do navio farol. Os navios privados pertencem a particulares que os exploram comercialmente para o transporte de pessoas ou produtos. Dessa forma, a marinha mercante é materializada pelo conjunto de embarcações e tripulação vinculadas a uma bandeira, a qual lhe atribui nacionalidade, têm matrícula e nome. Os navios de guerra (militares) pertencem a determinado Estado e sua tripulação segue a disciplina militar, portanto, não fazem parte da marinha mercante. Assim, seguem a jurisdição do Estado ao qual pertencem onde quer que estejam, inclusive em porto de outra nação, característica ausente nos navios mercantes.

A bandeira, também chamada de *pavilhão*, atribui nacionalidade a uma embarcação. A Lei n. 9.432, de 8 de janeiro de 1997 (Brasil, 1997b), estabelece:

> Art. 3º Terão o direito de arvorar a bandeira brasileira as embarcações:
>
> I – inscritas no Registro de Propriedade Marítima, de propriedade de pessoa física residente e domiciliada no País ou de empresa brasileira;
>
> II – sob contrato de afretamento a casco nu, por empresa brasileira de navegação, condicionado à suspensão provisória de bandeira no país de origem.

Ressaltamos que *afretamento a casco nu* significa que o navio é entregue sem comandante e tripulação.

Por intermédio da nacionalidade de um navio, é possível identificar o Estado que ele está vinculado, qual a legislação incidente sobre ele, bem como os tratados e acordos que poderão utilizar em seu benefício. A Convenção de Genebra sobre o alto-mar, em seu art. 5º, determina que cada Estado estabelece os requisitos para que um navio possa receber seu pavilhão.

Chama-se *bandeira de conveniência* ou *pavilhão de complacência* o uso de bandeira sem que o navio esteja necessariamente vinculado àquela nacionalidade (Mello, 2001, p. 1.214). Muitos países adotam essa técnica para fortalecer sua frota nacional, tornando-a mais competitiva. No Brasil, a Lei n. 9.432/1997, nos arts. 11 e seguintes, visando apoiar o desenvolvimento da marinha mercante nacional, instituiu o Registro Especial Brasileiro (REB), cuja regulamentação está prevista no Decreto n. 2.256, de 8 de janeiro de 1997 (Brasil, 1997a). O REB foi criado para incentivar os armadores nacionais a utilizar nossa bandeira, bem como para facilitar que armadores estrangeiros possam ingressar em nossa frota mercante.

Além do pavilhão, um navio pode ser caracterizado por nome, classe, tonelagem e arqueação (ou tonelagem de arqueação) – cuja verificação ocorre por intermédio dos documentos de bordo –, bem como por marcações e números de identificação (Martins, 2008, p. 161). Para a obtenção do pavilhão, é necessário proceder o registro da embarcação, conforme determinação da Lei n. 7.652, de 3 de fevereiro de 1988 (Brasil, 1988b).

O comandante da marinha é a Autoridade Marítima Brasileira (AMB), e a Lei n. 9.537, de 11 de dezembro de 1997 (Brasil, 1997c), a qual trata da segurança do tráfego aquaviário nas águas sob jurisdição nacional, elenca as atribuições da AMB. A Diretoria de Portos e Costas (DPC), juntamente dos Comandos dos Distritos Navais, é a representante "da AMB para o Meio Ambiente, sendo assim responsáveis pelos assuntos relativos às condutas e atividades lesivas ao meio ambiente e à prevenção da poluição ambiental por parte de embarcações, plataformas ou suas instalações de apoio" (Marinha do Brasil, 2022d).

3.1 *Política marítima aplicada ao comércio exterior*

Ao pensar em comércio exterior, devemos ter em mente a existência de dois contratos: o contrato de venda e compra de mercadorias e o contrato de transporte dessas mercadorias. Esses dois contratos são internacionais, haja vista que nosso país se dedica ao comércio com outras nações, portanto, relaciona-se com o sistema jurídico de outra nação. Assim, a celebração de convenções internacionais, acordos, relações diplomáticas, contratos-tipo ou práticas e usos, bem como os costumes do comércio internacional, são negociações bastante relevantes para o fomento do comércio internacional (Martins, 2013).

Antes de nos aprofundarmos no tema, destacamos que, ao passo que no direito aeronáutico fala-se em liberdades do ar (Chropacz, 2020), no direito marítimo há as liberdades do alto-mar, as quais tratam da "liberdade de navegação, de pesca, de sobrevoo, de colocação de cabos submarinos, de construção de ilhas artificiais e de investigação científica" (Mattos, 2014, p. 28).

O Decreto n. 6.759, de 5 de fevereiro de 2009, o qual "Regulamenta a administração das atividades aduaneiras, e a fiscalização, o controle e a tributação das operações de comércio exterior" (Brasil, 2009a), é comumente conhecido como *Regulamento Aduaneiro*, e aplica-se para "portos, aeroportos e fronteiras alfandegadas" (art. 5º). A partir do art. 41, trata do manifesto de carga, que são dados sobre os bens transportados a serem examinados pelos agentes governamentais alfandegários. Há normas para o transporte marítimo (art. 54 e 55) e para o transporte aéreo (art. 56 a 59).

Esse mesmo decreto aborda alguns programas de incentivo e regulamentação importantes para a atividade. Por exemplo, a partir do art. 69, trata da questão tributária, de regimes especiais e isenções, cujo processo de determinação está manifestado nos arts. 768 e seguintes. O art. 282 apresenta o Programa de Apoio ao Desenvolvimento Tecnológico da Indústria de Semicondutores (Padis); o art. 284 aborda o Programa de Apoio ao Desenvolvimento Tecnológico da Indústria de Equipamentos para TV Digital (PATVD); e o art. 286 expõe o Regime Especial de Incentivos para o Desenvolvimento da Infraestrutura (Reidi) – estes são programas destinados a facilitar a importação de máquinas, aparelhos, instrumentos e equipamentos para incorporação ao ativo imobilizado do beneficiário, conforme as atividades vinculadas no corpo do decreto. Por fim, o art. 810 regulamenta o exercício da atividade do despachante aduaneiro.

O Decreto n. 660, de 25 de setembro de 1992 (Brasil, 1992b), estabeleceu o Sistema Integrado de Comércio Exterior (Siscomex), que tem a finalidade de registrar, controlar, agilizar e transmitir a transparência para as operações de comércio exterior no Brasil. Esse Decreto foi regulamentado pela Portaria n. 402/2020 do Ministério da Economia.

O Siscomex está habilitado em sítio eletrônico (Portal Siscomex) visando agilizar todo o processo de importação e exportação: "O objetivo é reduzir prazos e, consequentemente, os custos das exportações e importações, melhorar o ambiente de negócios e aumentar a competitividade do Brasil no mercado internacional" (Siscomex, 2021).

É possível constatar que a tecnologia é uma ferramenta imprescindível para o comércio exterior atualmente. No entanto, essas informações não são utilizadas apenas para diminuir tempo e custo nas transações comerciais com outras nações. A informação também é empregada para promover a segurança, que deve ser conhecida por uma visão ampliada. O tema da segurança é bastante relevante para o fomento do comércio exterior, uma vez que a proteção do transporte e daquilo que se transporta é fator relevante para o sucesso das operações negociais.

Security e safety

O termo *segurança*, na língua portuguesa, é bastante amplo. Por sua vez, a língua inglesa é mais precisa ao apresentar os termos *security* e *safety*, os quais, em direito marítimo, podem ser assim compreendidos:

> O conceito de *maritime security* tem sido frequentemente apresentado em justaposição a um outro conceito, o de *maritime safety*. O segundo conceito (*maritime safety*) refere-se à prevenção ou minimização de potenciais

acidentes no mar, que possam ocorrer como resultado da não conformidade com as normas aplicáveis à construção, equipamento e operação de navios. Em contraste, o primeiro conceito (*maritime security*), o qual é referido neste artigo como segurança marítima, está relacionado com a proteção contra a prática de atos ilegais e deliberados. (Piedade, 2018, p. 17)

Piedade (2018, p. 17) amplia a discussão com as definições apresentadas por Germond:

> Para Germond, a principal diferença entre *security* e *safety* está na forma como o mar é percepcionado: no primeiro caso, o domínio marítimo é entendido como «um objeto a proteger contra ameaças não militares e transnacionais», enquanto que no segundo caso o mar é considerado «como um objeto a proteger contra a degradação ambiental». Apesar de representarem diferentes dimensões marítimas da segurança, os dois conceitos estão inter-relacionados, como no caso dos acidentes marítimos ocorridos no contexto da pirataria.

No entanto, também podemos utilizar as definições trazidas pela aviação civil, na qual o termo *security* faz referência à proteção contra atos ilícitos e, *safety*, à segurança do voo, ou operação aérea.

Ora, o comércio internacional sofre com ataques criminosos chamados de *pirataria*. O art. 101 da Convenção de Montego Bay, ratificada no Brasil pelo Decreto n. 99.165, de 12 de março de 1990 (Brasil, 1990), assim a define:

Constituem pirataria quaisquer dos seguintes atos:

a) todo ato ilícito de violência ou de detenção ou todo ato de depredação cometidos, para fins privados, pela tripulação ou pelos passageiros de um navio ou de uma aeronave privados, e dirigidos contra:

  i) um navio ou uma aeronave em alto mar ou pessoas ou bens a bordo dos mesmos;

  ii) um navio ou uma aeronave, pessoas ou bens em lugar não submetido à jurisdição de algum Estado;

b) todo ato de participação voluntária na utilização de um navio ou de uma aeronave, quando aquele que o pratica tenha conhecimento de fatos que deem a esse navio ou a essa aeronave o caráter de navio ou aeronave pirata;

c) toda a ação que tenha por fim incitar ou ajudar intencionalmente a cometer um dos atos enunciados nas alíneas a) ou b).

Sendo a pirataria ato ilícito, as ações que visam evitá-la são atos *security*. Pirataria é crime realizado pela prática de saque, pilhagem ou captura de navio, desde que em alto mar ou em local sem o abrigo de qualquer jurisdição de Estado (Martins, 2015). Somente um navio de guerra ou identificado como a serviço de determinado Estado pode realizar a apreensão da embarcação pirata, uma vez que a pirataria pode ser marítima ou aérea, e o Estado que apreendeu a embarcação pirata realizará também o julgamento do crime.

Em se tratando de roubo e furto cometidos no território nacional, os quais são crimes diferentes, estes são julgados conforme as previsões dos art. 157 e 155, respectivamente, do Código Penal. Para reprimir esses crimes, a Polícia Federal, em observação à atribuição prevista no art. 144, parágrafo 1º, inciso III, da CF/1988, criou o Núcleo Especial de Polícia Marítima (Nepom) para realizar patrulhamentos, investigações e, dessa forma, atuar contra crimes praticados contra embarcações e instalações marítimas.

Outro ponto que deve ser discutido em direito marítimo versa sobre atos terroristas. No Brasil, foi criada a Lei n. 13.260, de 16 de março de 2016, que, em seu art. 2º, define *terrorismo* como:

> prática por um ou mais indivíduos dos atos previstos neste artigo, por razões de xenofobia, discriminação ou preconceito de raça, cor, etnia e religião, quando cometidos com a finalidade de provocar terror social ou generalizado, expondo a perigo pessoa, patrimônio, a paz pública ou a incolumidade pública. (Brasil, 2016)

Embora existente, essa prática criminosa é pouco discutida em âmbito mundial:

> Algumas investidas pontuais ocorreram para desmistificar essa aparente paz inabalável dos mares (cito os exemplos dos eventos do Navio Mercante Achille Lauro, em 1985, e o atentado ao navio de guerra USS COLE, da US Navy, nas proximidades do Porto de Aden, em 12 de outubro de 2000). Ainda assim, não pareceram ter sido suficientes para uma jornada mundial contra o terror no mar. O atentado às Torres Gêmeas de Nova Iorque foi um importante marco para essa discussão. A partir de então, o tema passou a pontuar a agenda internacional, mas ainda não o suficiente para

implicar grandes iniciativas de garantias para se evitar esse tipo de ação no mar. (Beirão, 2014, p. 147)

A abordagem dos crimes de pirataria, roubo, furto e terrorismo tem a finalidade de indicar que a política voltada para o comércio exterior não é somente aquela praticada com fins de facilitar a ocorrência negocial entre as nações, tampouco ações tributárias com a finalidade de diminuir o custo final dos produtos. Esse tema perpassa, também, pela prevenção e punição dos crimes cometidos tanto no território nacional quanto em alto-mar, os quais afetam os portos e os meios de transporte marítimos.

De outra feita, não podemos olvidar que as embarcações devem realizar o transporte de mercadorias e pessoas alicerçadas em procedimentos seguros. Dessa forma, profissionais capacitados para a realização de suas atividades em segurança, embarcações vistoriadas e operando conforme os padrões de sua construção, por exemplo, são ações que evitam a ocorrência de acidentes. Assim, nosso entendimento é no sentido de que *safety* em direito marítimo é mais amplo que somente a proteção do mar contra a degradação ambiental proposta por Germond (citado por Piedade, 2018).

3.2 *Fretes marítimos e o comércio exterior*

Para que ocorra o comércio exterior, faz-se necessário que os bens sejam transportados do local de produção para o local de consumo. Portanto, a contratação de transporte, para esse traslado, é indispensável para concretizar a realização do comércio entre nações diversas. Assim, frete "é a retribuição em dinheiro" (Cremoneze, 2015, p. 30) paga pelo transporte de uma carga.

O frete é contratado, haja vista a existência de empresas especializadas em sua realização. Em direito, esse tipo de contrato é chamado de *contrato mercantil*, uma vez que são celebrados em relações empresariais.

> Quando uma das partes do contrato de compra e venda mercantil é empresário estabelecido no Brasil e a outra não, o negócio se inclui no conceito de comércio exterior. [...]
> O desenvolvimento do comércio internacional pressupõe certa padronização dos direitos e deveres dos contratantes na relação negocial. Incertezas quanto à extensão das obrigações assumidas pelas partes podem até mesmo comprometer a conclusão do negócio. Representam, no mínimo, acréscimos de custos de negociação, na medida em que, além do preço e da coisa, devem ser objeto de tratativas específicas as responsabilidades pelo recolhimento de tributos, administração da liberação aduaneira, remuneração de transportadores, portos, peritos, instituições financeiras e outros agentes que podem participar da execução do contrato, as muitas hipóteses de risco e o seguro. [...] Conscientes desse fato, os próprios comerciantes adotaram, ao longo dos séculos, determinados usos e costumes que norteavam a solução de eventuais conflitos de interesse. (Coelho, 2000, p. 74)

No comércio internacional, além das diferenças entre legislações, muitas vezes a negociação ocorre em língua estrangeira, sofrendo influência de cultura diversa daquela a que estamos habituados em nossas negociações no Brasil. Nesses contratos, é preciso prever como ocorrerá o transporte de saída do estabelecimento vendedor da mercadoria, o desembaraço aduaneiro, o armazenamento em porto, aeroporto ou zona aduaneira, o embarque e desembarque, o novo desembaraço aduaneiro no país de destino e o transporte até o estabelecimento do comprador, ou por ele indicado; lembrando que os bens estão sujeitos a diversos riscos nesse trajeto até chegar ao seu destino.

Para que as partes contratuais não precisem ficar discutindo detalhes no transporte, os quais podem aumentar os custos da negociação, bem como tornar mais dificultosa a logística para a entrega de produtos, a Câmara de Comércio Internacional estipulou cláusulas uniformes, chamadas de *International Commercial Terms* (Incoterms) ou Termos Internacionais de Comércio.

Os Incoterms são padronizações que estabelecem direitos e deveres entre vendedores e compradores nas relações comerciais. Esses termos são bastante comuns no comércio internacional, mas também é possível sua utilização no comércio nacional. Ao eleger determinado INCOTERM, este se torna o parâmetro norteador para indicar o local onde o exportador entregará a mercadoria, qual das partes pagará o frete, o seguro, se o comprador ou o vendedor realizará o trâmite documental para a realização da exportação e importação, bem como quais as responsabilidades de cada parte negocial. Os Incoterms que passaram a vigorar a partir de 2020 estão dispostos no Quadro 3.1.

Quadro 3.1 – Incoterms 2020

INCOTERMS 2020: TABELA											
CUSTOS	EXW	FAS	FCA	FOB	CFR	CIF	CPT	CIP	DPU	DAP	DDP
Embalagem da mercadoria	●	●	●	●	●	●	●	●	●	●	●
Carregamento na origem	○	●	●	●	●	●	●	●	●	●	●
Transporte interno na origem	○	○○	●	●	●	●	●	●	●	●	●
Despacho aduaneiro na origem	○	●	●	●	●	●	●	●	●	●	●
Taxas de movimentação na origem	○	●	●	●	●	●	●	●	●	●	●
Seguro da mercadoria	○	○	○	○	○	●	○	●	○	○	○
Transporte principal	○	○	○	○	●	●	●	●	●	●	●
Descarga no terminal de destino	○	○	○	○	○	○	○	○	●	○	○
Tributos na importação	○	○	○	○	○	○	○	○	○	○	●
Despacho aduaneiro no destino	○	○	○	○	○	○	○	○	○	○	●
Transporte interno no destino	○	○	○	○	○	○	○	○	○○	○○	○○
Descarga no destino designado	○	○	○	○	○	○	○	○	●	○	○
MODAL	MULTI	AQUAVIÁRIO					MULTI				
LEGENDA: ● VENDEDOR ○ COMPRADOR											

Fonte: Freitas Inteligência Aduaneira, 2020.

Analisando o Quadro 3.1, verificamos a existência de 11 Incoterms, os quais são divididos em quatro grupos: E, F, C e D. O grupo E disponibiliza o produto para o comprador no estabelecimento do vendedor. Dessa maneira, cabe ao comprador arcar com todos os custos que estão listados na tabela anterior, exceto os incidentes sobre a embalagem dos produtos.

No grupo F, o vendedor deve entregar a mercadoria no local indicado, sendo responsável pelos custos e riscos até esse momento. Ainda, podemos constatar que os Incoterms FCA, FAS e FOB somente tratam de transportes e despachos no local de origem do vendedor. Continuando essa análise, podemos pensar que os Incoterms FAS e FOB são iguais, contudo, não é verdade. O INCOTERM FAS é a abreviatura de *Free Alongside Ship*, e significa "Livre no Costado do Navio", portanto, a responsabilidade do vendedor vai até a entrega do produto no cais onde o navio que realizará o transporte está atracado. De outra forma, o INCOTERM FOB (*Free on Board*) exige que o produto seja entregue desembaraçado e acomodado dentro da embarcação que fará seu transporte. Verificamos, também, que os Incoterms FAS, FOB, CFR e CIF são aplicados exclusivamente ao transporte marítimo.

O grupo C trata de Incoterms nos quais o vendedor contrata o transporte internacional. Os Incoterms CFR e CPT, assim como CIF e CIP, diferenciam-se em relação ao modal de transporte elegido, mas acrescentamos que os Incoterms CFR e CPT exigem que o seguro da mercadoria seja contratado pelo comprador.

Por último, o grupo D refere-se aos Incoterms que determinam a descarga da mercadoria no terminal de destino, gerando mais obrigações ao vendedor dos produtos. Os Incoterms do grupo D podem ser utilizados em transporte multimodal. Destaca-se que o INCOTERM DDP não é aceito para importações no Brasil, porque o Ambiente de Registro e Rastreamento da Atuação dos Intervenientes Aduaneiros (Radar) da Receita Federal (RF) exige que o exportador tenha Cadastro Nacional de Pessoa Jurídica (CNPJ) no Brasil para que essa empresa possa efetuar o recolhimento de tributos decorrentes da importação do produto (OMDN, 2022).

Salientamos que tanto a modalidade de transporte elegida quanto o INCOTERM selecionado influenciarão na formação do preço do contrato de venda e compra de mercadorias, visto que os custos do transporte e dos riscos dele decorrentes não podem ser afastados da contratação.

Com relação aos termos de transporte, cumpre ressaltar que a forma multimodal é um sistema de transporte que envolve mais de um meio: marítimo, aéreo e terrestre (ferroviário e rodoviário), mas que, no entanto, é regido por um único contrato, conforme previsão do art. 2º da Lei n. 9.611, de 19 de fevereiro de 1998 (Brasil, 1998e). Ressaltamos que *sistema de transporte intermodal* não é sinônimo de *sistema de transporte multimodal*: naquele, há emissão de vários conhecimentos de transporte, e a parcela de responsabilidade maior recai no transportador principal; neste, há emissão de único conhecimento de transporte, mesmo que realizado de modo multimodal (Cremoneze, 2015). *Transporte cumulativo*, conforme descrito no art. 733 do Código Civil (cc), pode ser entendido como "transporte multimodal".

Cumpre informar que o consignatário da carga é o destinatário final dela, por isso, seu nome consta no conhecimento marítimo. Resumidamente, Incoterms tratam da relação de transporte entre vendedor e comprador das mercadorias.

No entanto, os contratos não são somente de frete, há contratos que recaem sobre os navios e sua exploração econômica como meios de transporte (em direito aeronáutico, esse tema será tratado na Seção 6.2):

> Poderá o navio ser explorado por terceiros via contrato de aluguel, arrendamento ou fretamento.
>
> Evidentemente, nas hipóteses do proprietário não exercer a empresa naval, haverá distinção de direitos e obrigações do proprietário e do armador nos termos do contrato que envolverá as partes. Em consequência, a figura do

proprietário distancia-se da figura do armador, do empresário da navegação. (Martins, 2008, p. 245)

Na locação, o proprietário (locador) cede a posse e o direito de usar o bem ao locatário, o qual assumirá todas as responsabilidades em manter o navio em condições de navegabilidade, usá-lo para fins pacíficos, manter o bem conforme as condições de conservação em que ele foi recebido, exceto situações decorrentes do desgaste natural (Martins, 2008). A locação tem tempo determinado em contrato.

Outra modalidade contratual é o arrendamento mercantil, que também pode ser denominado de *leasing*, pois contempla como partes a arrendadora (proprietária do bem) e a arrendatária, a qual realizará a exploração econômica do navio por prazo determinado. No contrato de *leasing*, o bem, geralmente, é adquirido pelo arrendador conforme as características indicadas pelo arrendatário, o qual pagará mensalmente pelo seu uso. No final do contrato, existe a possibilidade de o arrendatário adquirir o bem pagando o valor residual, renovar o arrendamento ou devolver o bem (Martins, 2008, p. 249).

Fretamento é a forma pela qual o proprietário (fretador) disponibiliza o bem ao afretador (explorador do bem) mediante pagamento do frete (*hire*), por meio do navio para transporte de pessoas ou coisas. Na próxima Seção, apresentaremos as modalidades de fretamento.

A expansão do comércio, a partir do século XV, exigiu que riscos fossem cobertos "uma vez que as operações comerciais se tornam mais arriscadas surgindo a necessidade de serem formalizados contratos que promovessem o mínimo de segurança aos comerciantes e aos adquirentes de mercadorias" (Lafore, 2018, p. 669).

O Código Comercial (CCO), Lei n. 556, de 25 de junho de 1850, define:

> Art. 666. O contrato de seguro marítimo, pelo qual o segurador, tomando sobre si a fortuna e riscos do mar, se obriga a indenizar ao segurado da perda ou dano que possa sobrevir ao objeto do seguro, mediante um prêmio ou soma determinada, equivalente ao risco tomado, só pode provar-se por escrito, a cujo instrumento se chama apólice; contudo julga-se subsistente para obrigar reciprocamente ao segurador e ao segurado desde o momento em que as partes se convierem, assinando ambas a minuta, a qual deve conter todas as declarações, cláusulas e condições da apólice. (Brasil, 1850)

A legislação, com sua linguagem característica de meados do século XIX, estabelece que o contrato de seguro é escrito e materializado pela apólice. Por óbvio que a evolução tecnológica e a formalização de contratos eletrônicos não desnaturam essa característica contratual. Quando falamos em comércio eletrônico, fazemos referência ao princípio da equivalência funcional dos contratos realizados no ambiente virtual com os contratos realizados por meios tradicionais: "o que se pretende, em suma, com a adoção do princípio da equivalência funcional, é a garantia de que, aos contratos realizados em meio eletrônico, serão reconhecidos os mesmos efeitos jurídicos conferidos aos contratos realizados por escrito ou verbalmente" (Leal, 2009, p. 90).

Outras características do contrato de seguro é que, mediante o pagamento do prêmio, o segurador garante os interesses do segurado, os quais estão descritos no contrato celebrado (art. 757 do cc). Portanto, vindo a ocorrer algum evento anteriormente pactuado entre as partes (sinistro), o segurador indenizará o segurado conforme os termos pactuados em contrato. São os cálculos atuariais que possibilitam a estipulação de determinado valor como compensação financeira ao dano sofrido. Outras informações desse tipo de contrato podem ser encontradas na Seção 6.5 desta obra, pois, embora se tratando de seguro aeronáutico, os elementos basilares da tratativa celebrada são similares para diversas áreas comerciais.

Em direito marítimo, há o seguro para casco e máquinas, que compreende a indenização de equipamentos, motores e peças. Informações complementares podem ser buscadas na Circular n. 001/1985 da Superintendência de Seguros Privados (Susep). O transportador aquaviário é obrigado a contratar o seguro de responsabilidade civil, também chamado de RCA-C, disciplinado pela Resolução n. 182/2008 do Conselho Nacional de Seguros Privados (CNSP), conforme estabelece o art. 32, inciso I, do Decreto-Lei n. 73, de 21 de novembro de 1966 (Brasil, 1966a).

O Seguro por Danos Pessoais causados por Embarcações ou por suas Cargas (Dpem) foi criado pela Lei n. 8.374, de 30 de dezembro de 1991 (Brasil, 1991), com a "finalidade de dar cobertura a pessoas transportadas ou não, inclusive aos proprietários, tripulantes e/ou condutores das embarcações, e a seus respectivos beneficiários ou dependentes, esteja ou não a embarcação operando" (art. 3º). O Dpem é obrigatório para embarcações nacionais e estrangeiras e é regulamentado pela Resolução n. 128/2005 do CNSP.

3.3 Contratação dos fretamentos marítimos: modalidades e espécies

Antes de iniciar o estudo dos contratos em espécie, é interessante ter uma visão geral dos contratos para que a compreensão dos tipos contratuais seja mais efetiva.

Contrato é uma relação jurídica com a finalidade de firmar um instrumento pelo qual as partes interessadas constituem, transmitem e extinguem direitos (Gomes, 1999a) e obrigações entre si, tendo força obrigatória entre as partes (Gomes, 1999a). Segundo Coelho (2015, p. 465), "pode-se situar o contrato no conjunto dos vínculos obrigacionais em que a existência e a extensão da obrigação, que certa pessoa tem de dar, fazer ou não fazer algo para outra, são definidas em parte pela lei e em parte pela vontade dela mesma".

Os contratos são celebrados para a circulação de riquezas, colaboração entre as partes, conservação de bens e constituição de direitos, prevenção de riscos, prevenção ou diminuição de controvérsias e concessão de crédito (Gomes, 1999a). Isso significa que os contratos são realizados para atender às necessidades daqueles que os celebram, vinculando os celebrantes àquilo que foi pactuado.

É importante destacar que as partes têm liberdade para contratar, mas essa liberdade não é absoluta. As normas de ordem pública e os bons costumes impedem que algumas situações sejam estabelecidas pelas partes, como, por exemplo, a celebração de contrato de compra e venda de escravos, pois não há mais escravidão, pelo menos oficialmente, no Brasil.

As partes interessadas são os sujeitos que consentem na realização do que está descrito no contrato. Assim, um contrato terá pelo menos duas partes distintas, as quais devem ter capacidade conforme a lei para celebrá-lo, consentir livremente sobre o que estão contratando e ser legítimas para tanto. As partes podem ser pessoas naturais ou pessoas jurídicas. A legitimidade está vinculada à posição perante o objeto contratado, por exemplo, o proprietário de uma embarcação pode celebrar um contrato de venda e compra desse equipamento, uma vez que é seu dono.

Somente pode ser objeto de contrato aquilo que não é ilícito (contra a lei), dessa maneira, não é possível contratar a morte de uma pessoa, já que a lei defende a vida e pune a morte de alguém no crime de homicídio (art. 121 do Código Penal – Brasil, 1940b). O objeto contratual deve existir ou ter a possibilidade de ser real, como a compra de uma embarcação que está sendo produzida na indústria naval. O objeto do contrato deve ser determinado ou possível de determinação em momento subsequente, podendo ser convertido, direta ou indiretamente, em valores pecuniários.

Conhecidos os requisitos gerais dos contratos, passamos agora para análise do contrato de transporte, cuja finalidade é que pessoas ou objetos sejam levados, com segurança, de um lugar para outro (art. 730, cc), mediante remuneração do transportador. Além das disposições constantes no Código Civil, as legislações especiais, tratados e convenções internacionais devem ser observadas para a realização dos contratos de transporte (art. 732, cc). A segurança é imprescindível para que os bens ou as pessoas alcancem seu destino de maneira íntegra, intacta, sendo essa condição algo inerente ao contrato de transporte.

Cremoneze (2015, p. 30) ensina que "o contrato de transporte marítimo de carga como o negócio jurídico em que uma parte, o transportador, obriga-se, mediante cláusula de incolumidade, a transportar pessoas ou coisas de um ponto a outro por meio de embarcação e via marítima". A cláusula de incolumidade, em transportes, refere-se à realização do transporte em segurança.

No Quadro 3.2, apresentamos um resumo dos elementos envolvidos no contrato de transporte marítimo.

Quadro 3.2 – *Profissionais envolvidos no transporte marítimo*

TRANSPORTADOR	O transportador é o responsável por conduzir pessoa ou bem de um lugar para outro. É importante ter em mente que o transportador pode não ser o proprietário do equipamento de transporte. Segundo Cremoneze (2015, p. 41-42): "Um navio pode ter vários transportadores marítimos, isto é, várias pessoas jurídicas emitentes de conhecimento marítimos".
CAPITÃO	Já sobre a figura do capitão, Cremoneze (2015, p. 42-43) orienta: "é quem tem, verdadeira e exclusivamente, a gestão náutica do navio. Em regra, ele é preposto do armador. [...] O capitão, grosso modo, não é apenas o representante daquele que o contratou ou apenas o armador, mas, sim, de todo aquele envolvido no transporte de carga, especialmente do transportador em sentido estrito, ou seja, aquele que assumiu o dever jurídico de transportar a carga por meio da emissão do conhecimento marítimo".
ARMADOR	Pode ser pessoa jurídica ou pessoa natural. Armação é o ato de "prover todos os meios para empreender uma expedição marítima. [...] é o empresário da navegação marítima e assume obrigações empresariais advindas da exploração econômica do navio" (Martins, 2008, p. 243; 245).

A Lei n. 9.432/1997, em seu art. 2º, prevê as modalidades de fretamento. Por sua vez, o art. 8º, da mesma legislação, permite que empresas nacionais possam "afretar embarcações brasileiras e estrangeiras por viagem, por tempo e a casco nu" (Brasil, 1997b).

Sobre esse tema, a Agência Nacional de Transportes Aquaviários (Antaq) disponibilizou a Resolução Normativa n. 01/2015, que normatizou os procedimentos e critérios para o afretamento de embarcação por empresa brasileira de navegação nas navegações de apoio portuário, apoio marítimo, cabotagem e longo curso (Antaq, 2015). Recomendamos a leitura dessa resolução, especialmente a apresentação de definições e procedimentos para a realização do afretamento.

Como explicado anteriormente (Seção 3.2), o fretamento é a forma pela qual o fretador disponibiliza o bem ao afretador, mediante pagamento do frete. Os contratos de fretamento marítimo abrangem três espécies: "fretamento a casco nu (*bareboat charter party* – BCP), fretamento por viagem (*voyage charter* – VCP) e fretamento por tempo (*time charter* – TCP)" (Martins, 2008, p. 250).

O fretamento BCP está vinculado a certo período, no qual haverá a transferência do fretador ao afretador do direito de fruição do navio. O afretador assumirá a posse e o controle da embarcação. O contrato de fretamento deve prever quando ocorrerá o pagamento dessa utilização. No fretamento TCP, haverá disponibilidade do navio armado, equipado e em condições de navegabilidade por certo período. O fretamento VCP garante a gestão náutica e comercial do navio.

A gestão náutica (GN) do navio é de responsabilidade e detenção do armador (Martins, 2008). A GN está vinculada à armação do navio, que tem como requisito provê-lo de todos os meios para a expedição, ou seja, da saída para o mar e viagem. Assim, por exemplo, guarnecer o navio com alimentos, tripulação, combustível e efetuar o pagamento de seguros são atribuições do armador vinculadas à GN. De outra forma, o armador também pode realizar atos de gestão comercial (GC), que se baseiam em ações para promover o carregamento e o descarregamento do navio e gerir as despesas portuárias.

Retornando aos contratos de fretamento marítimo, as diferenças entre eles estão resumidas no Quadro 3.3.

Quadro 3.3 – Classificação dos contratos de fretamento marítimo

CONTRATO	GN	GC
BCP	AFRETADOR	AFRETADOR
TCP	FRETADOR	AFRETADOR

É possível a realização do subfretamento, que ocorre quando o navio é disponibilizado pelo afretador para terceiro. Deve-se ter o cuidado na análise da GN e da GC do navio em razão dessa subcontratação realizada. O afretador original continua obrigado a cumprir as determinações contratuais originais estabelecidas entre ele e o fretador inicial.

Quando debatemos acerca do frete marítimo e do comércio exterior, não podemos afastar o estudo dos seguros marítimos, tendo em vista os grandes valores financeiros que são disponibilizados para a realização dessas atividades. Tais investimentos não podem ficar à sorte da não ocorrência de eventos naturais desastrosos ou, até mesmo, de outros decorrentes da imperícia humana. Assim, os seguros, que são formas de resguardar a atividade comercial marítima, evitam a quebra de empresas, a desestabilização desse setor e a ausência do recebimento de indenizações, contribuindo para o equilíbrio econômico dessa atividade.

Para finalizar, quando se trata de comércio exterior, embora as partes tenham liberdade para estabelecer o teor das cláusulas do contrato, faz-se necessário que seja previsto onde a solução de eventual litígio será dirimida. Assim, as partes devem prever "a submissão de litígios à sistemática da arbitragem internacional ou designar foro estatal competente" (Martins, 2013, p. 382).

3.4 Concorrência e direito marítimo

Quanto à concorrência, é preciso esclarecer que se trata de um ambiente estável juridicamente, em que é possível que *players* interessados na exploração de determinado ramo econômico sintam-se compelidos a investir nele e explorá-lo comercialmente. Em direito marítimo, podemos afirmar que a concorrência se configura como ações voltadas para o fomento da movimentação de cargas, gerando facilidades nas operações comerciais, as quais refletem diminuição de custos operacionais e barateamento do preço final de produtos e serviços, potencializando a economia em geral com medidas mais eficazes.

Nesse sentido, a privatização dos portos e serviços congêneres pode contribuir imensamente para o desenvolvimento da concorrência no setor portuário. É urgente que o setor portuário receba os efeitos positivos da concorrência, uma vez que as ações nesse setor são ainda muito tímidas. Afirmam Castro Júnior e Rodrigues (2020, p. 111):

> A temática da defesa da concorrência no setor portuário brasileiro é recente, seja porque o setor foi monopólio do Estado, desde o Decreto de abertura dos portos às nações amigas, em 1808, com a vinda da família Imperial, até a

edição da Lei nº 8.630, de 25 de fevereiro de1993, seja porque, como será demonstrado, ainda não há política eficaz de defesa da concorrência da agência reguladora setorial (Antaq), e de cooperação entre esta e o Cade e os Ministérios Públicos Federal, dos Estados e do Distrito Federal.

Ao tratar da concorrência, não podemos deixar de apontar a Lei n. 12.529, de 30 de novembro de 2011 (Brasil, 2011b), a qual criou o Sistema Brasileiro de Defesa da Concorrência (SBDC), com a finalidade de prevenir e evitar o cometimento de "infrações contra a ordem econômica, orientada pelos ditames constitucionais de liberdade de iniciativa, livre concorrência, função social da propriedade, defesa dos consumidores e repressão ao abuso do poder econômico" (art. 1º). O SBDC é composto pelo Conselho Administrativo de Defesa Econômica (Cade) e pela Secretaria de Acompanhamento Econômico do Ministério da Fazenda, conforme exposto no art. 3º. Já no art. 36 consta o rol das infrações passíveis de punição pelo SBDC.

Contribuindo para a melhor regulamentação do setor, o Cade tem sido instado a se manifestar diante de situações consideradas não competitivas no setor portuário. A atuação do Cade está respaldada pelo art. 173, parágrafo 4º, da CF/1988:

> Art. 173. Ressalvados os casos previstos nesta Constituição, a exploração direta de atividade econômica pelo Estado só será permitida quando necessária aos imperativos da segurança nacional ou a relevante interesse coletivo, conforme definidos em lei.

[...]

§ 4º A lei reprimirá o abuso do poder econômico que vise à dominação dos mercados, à eliminação da concorrência e ao aumento arbitrário dos lucros. (Brasil, 1988a)

O Cade foi criado pela Lei n. 8.884, de 11 de junho de 1994 (Brasil, 1994), que foi foi revogada pela Lei n. 12.529/2011. No período compreendido entre 1999 e 2017, o Cade julgou 18 processos administrativos, e 6 deles foram julgados anticompetitivos (Castro Júnior; Rodrigues, 2020).

Recentemente, o Supremo Tribunal de Justiça (STJ) decidiu que o Cade tem legitimidade para investigar condutas anticompetitivas relacionadas à cobrança inadequada de taxa portuária: "Com isso, o Cade poderá dar continuidade às investigações na autarquia que tratam da cobrança abusiva de taxas adicionais (THC2 ou SSE) a título de segregação e entrega de contêineres a recintos alfandegados independentes" (Cade, 2021).

O Decreto n. 8.033, de 5 de junho de 2013 (Brasil, 2013a), trata da regulamentação da exploração de portos organizados e de instalações portuárias, fatos que permitem, inclusive, a movimentação de outras cargas, além das próprias, em terminais privados.

Os art. 3º e 4º da Resolução Normativa Antaq n. 18/2017 estabelecem as condições de prestação de serviço para que possa ser considerado serviço adequado (Castro Júnior, 2020): regularidade, continuidade, eficiência, segurança, atualidade, generalidade, modicidade, pontualidade e informatividade. A observação da legislação com relação a esses itens é fundamental para compreender que a adequação da prestação é formada por diversas ações coordenadas, cuja satisfação individual não alcança a vontade pública materializada pelo legislador.

Em conclusão, devemos ter em mente que as atividades portuárias são serviços públicos (art. 21, XII, "f", CF/1988) ou, quando privados, são de interesse público. Assim, o acompanhamento das práticas tarifárias, bem como a prestação satisfatória dos serviços desse setor é acompanhado pelo Poder Público para o atendimento do interesse de toda a coletividade, ou seja, a sociedade, por intermédio da concorrência e da cobrança de tarifas em valores justos sem onerações ao comércio exterior.

3.5 Fretes e derivativos no comércio exterior

É possível entender *derivativo* como contratos cujo valor decorre (deriva) de um ativo. O ativo pode ser um produto comercializado, como petróleo, café, soja, por exemplo, ou ações, taxas de juros, moedas estrangeiras para o mercado financeiro. Comumente, os derivativos são negociados em forma de contratos, nos quais são previstos sua quantidade e prazo de pagamento, com a finalidade de proporcionar a proteção de risco se houver alterações de preços ou outras variáveis econômicas:

> Os derivativos são instrumentos financeiros cujos preços estão ligados a outro instrumento que lhes serve de referência. Por exemplo: o mercado futuro de petróleo é uma modalidade de derivativo cujo preço depende dos

negócios realizados no mercado a vista de petróleo, seu instrumento de referência. O contrato futuro de dólar deriva do dólar a vista; o futuro de café, do café a vista, e assim por diante. (BM&F, 2007)

A importância dos derivativos para o comércio exterior reside em compreender que determinado produto, ao ser produzido em certo local, está sujeito a diversas situações atuantes nesse mercado, como determinações políticas, economia, fatalidades climatológicas ou, até mesmo, decorrentes de ações terroristas. Da mesma forma, o mercado consumidor também pode ser atingido por essas questões, as quais podem, igualmente, refletir nos custos do transporte dos produtos.

Em comércio exterior, as negociações são realizadas entre *players* localizados em países diversos, o que significa que muitos fatores, inclusive suas moedas, podem sofrer variações indesejadas e não planejadas pelas partes. Para evitar esses riscos negociais, é possível realizar contratos de compra de produtos ou de frete baseados em derivativos, os quais se destacam, em comércio exterior, ao proteger os contratantes dos riscos financeiros decorrentes de variações cambiais.

Diante dessa realidade, ao contratar derivativo para frete, evita-se que, futuramente, quando o transporte for realizado, a variação de preço atualizada monetariamente seja fato impeditivo ou cause prejuízo para a comercialização da compra efetuada. Portanto, o preço do frete, ao estar previamente estipulado, evita que seu aumento seja refletido no preço final do produto.

No Brasil, o regime cambial é administrado pelo Banco Central (Bacen), que, por intermédio de sua atuação, procura estabelecer regras e ações visando ao equilíbrio da economia. No entanto, esse controle é parcial, haja vista que o Brasil optou por permitir a livre flutuação cambial, a qual sofre limitada ação da venda de reservas internacionais, bem como reflexos das atitudes políticas e econômicas.

Os contratos de derivativos, no Brasil, são negociados na Bolsa de Mercadoria e Futuros (BM&F). Esses contratos podem tratar de câmbio, haja vista a necessidade de conversão de moedas, e de taxas de juros, pois muitos pagamentos são efetuados em data futura, por exemplo.

Portanto, o profissional dedicado ao comércio exterior precisa compreender a economia mundial e as ações políticas das nações como fatores interferentes nos preços dos transportes e mercadorias. Dessa maneira, para se tornar competitivo, faz-se necessária a utilização de derivativos como forma de proteger organizações e mercados em outros países.

4

Marinha mercante e seu regime jurídico

O TERMO MARINHA MERCANTE REFERE-SE AOS NAVIOS PRIvados que realizam o transporte de produtos e passageiros. A marinha mercante brasileira é composta por empresas nacionais destinadas a explorar esse ramo comercial. Retomando as lições de história, recordamos que o transporte de pessoas e produtos, no decorrer dos tempos, foi fortemente baseado no deslocamento aquaviário. Na história brasileira, nosso desenvolvimento nacional, com origem como colônia de Portugal, passando posteriormente pelas formas de governo monárquico e republicano, é permeado por relações comerciais com outros países. Nossas produções agrícolas e minerais foram, e ainda são, destinadas a várias partes do mundo.

Para realizar o comércio entre nações, faz-se necessário que navios realizem travessias marítimas. Portanto, esse ramo comercial é uma oportunidade de negócio para empresários interessados em investir na criação de companhias de transporte marítimo. Assim, tão antigo como o transporte por navios é a existência de empresas destinadas à sua exploração.

Com relação a essas companhias, para não demorar demasiadamente na narração, vamos usar como referencial, para este estudo, o início do século passado, que, já nos primeiros anos, presenciou a Grande Depressão de 1929, trágico evento econômico que atingiu não somente os Estados Unidos, mas diversas nações, inclusive, o Brasil. Como reação a essa crise, o país tomou algumas medidas nas décadas seguintes, como:

A criação da Comissão da Marinha Mercante em 1941, respaldada pelo Decreto-Lei 1.951 de 30 de dezembro de 1939, que inaugurou um novo regime jurídico para a navegação garantindo à União o direito de explorar, conceder e autorizar os serviços da navegação, marítima, fluvial e lacustre, consagrou a presença do Estado no setor. Essa participação ativa do Estado vinha seguindo uma trajetória ascendente desde a criação do Lloyd Brasileiro em 1890. No governo Vargas (1930-1945), esta política ganhou mais robustez com a criação da Comissão da Marinha Mercante. (Goularti Filho, 2010, p. 250)

O art. 4º do Decreto-Lei n. 1.951, de 30 de dezembro de 1939 (Brasil, 1940a), determinou a criação de "um órgão destinado a coordenar e orientar as questões referentes à navegação marítima, fluvial e lacustre, construção de embarcações e preparo de pessoal para a marinha mercante". Dessa maneira, o Decreto-Lei n. 3.100, de 7 de março de 1941 (Brasil, 1941), criou a Comissão da Marinha Mercante (CMM). As atribuições da CMM abarcavam o planejamento do tráfego aquaviário, a fixação de linhas a serem exploradas e as empresas responsáveis pela sua realização, concessão de autorizações e proposição de medidas para a promoção da Marinha Mercante.

No governo de Juscelino Kubitschek, houve a implementação do Plano de Metas e criou-se a Taxa de Renovação da Marinha Mercante (TRMM), a qual alimentava o Fundo da Marinha Mercante (FMM), que era administrado pelo Banco Nacional de Desenvolvimento Econômico (BNDE), assim, "o setor foi dotado de um poderoso mecanismo de financiamento que possibilitou a execução das metas propostas no Plano" (Goularti Filho, 2010, p. 255). A CMM foi operadora de muitos planos políticos implementados pelos governos sucessivos ao de sua criação.

Em 1964, período em que os militares assumiram o poder no Brasil, houve forte fomento da indústria naval. Em 1969, por intermédio do Decreto n. 64.125, de 19 de fevereiro (Brasil, 1969b), teve início a atuação da Superintendência Nacional da Marinha Mercante (Sunamam), em substituição à CMM:

> Outra mudança significativa foi a transformação da CMM em Superintendência Nacional da Marinha Mercante (SUNAMAM), por meio do Decreto n. 64.125, de 19 de fevereiro de 1969, que não alterou apenas o nome da CMM, mas significou a centralização e o fortalecimento das políticas voltadas para a Marinha Mercante e a construção naval, sob o novo comando da SUNAMAM. Com base em três novos decretos (Decreto-Lei n. 11.143/1970, Decreto n. 67.992/1970 e Decreto n. 73.838/1974), a SUNAMAM passou a ter o controle quase que absoluto da navegação marítima e fluvial, envolvendo os fretes, as empresas de navegação, a elaboração de planos para a construção naval e a liberação de recursos. Esse poder atribuído à SUNAMAM estava garantido pelos vultosos recursos que ela gerenciava no FMM. O fortalecimento da SUNAMAM inaugurou uma fase especial para o setor naval e a navegação, pautada em três ações: proteção à navegação nacional, apoio aos armadores nacionais e estímulo à indústria da construção naval. Concretamente estava consolidada a indissociabilidade

entre a Marinha Mercante e a construção naval, com claros objetivos de expandir e fortalecer a economia nacional. (Goularti Filho, 2014, p. 454).

O Brasil experienciou um período de crescimento econômico considerável no período compreendido entre os anos de 1969 e 1973, o qual ficou conhecido como "milagre brasileiro". Houve o lançamento dos Planos de Construção Naval (PCN), sendo o primeiro apresentado em 1971, o segundo, em 1975, e o terceiro, em 1980. O 1º PCN foi o que promoveu melhores resultados para a indústria naval. Nos anos seguintes, ocorreu a desaceleração econômica, afetando a implementação dos PCN's posteriores.

Em 1983, foi publicado o Decreto n. 88.420, o qual tratava da reestruturação da Marinha Mercante. Nos anos 1980, "o Brasil chegou a ser considerado o segundo maior construtor naval do mundo" (Goularti Filho, 2014, p. 465). Entretanto, a Sunamam estava envolvida por escândalos de mau uso do dinheiro público, sofrendo ação de uma Comissão Parlamentar de Inquérito (CPI) em 1984 (Goularti Filho, 2014). Com o passar dos anos, a crise no setor naval, aliada à visualizada no interior da entidade, provocou a substituição da Sunamam pela Secretaria de Transportes Aquáticos, em 1989.

A Lei n. 12.815 (Lei dos Portos) e o Decreto n. 8.033, ambos de 2013, são chamados de *marco regulatório para os portos brasileiros*, pois suas criações foram pautadas no desenvolvimento das atividades portuárias:

> Com a nova legislação, pretende-se aumentar a competitividade dos portos pelos investimentos que deverão ser realizados pelo setor privado. Verifica-se um acentuado

estímulo à modernização portuária, modernização e otimização da infra e superestrutura portuárias existentes, uma preocupação com a modicidade e a publicidade de tarifas e preços portuários, além do estímulo à concorrência intra e entre portos. (Castro Júnior; Capraro, 2014)

Com a necessidade de alavancar a competitividade nacional, a Lei dos Portos incentivou o surgimento de terminais de uso privado, também chamados de TUP, instalações portuárias de turismo (IPT), estações de transbordo de carga (ETC) e instalações portuárias de pequeno porte (IP4). Assim, a longo prazo, "A Projeção do Governo Federal, para 2012-2030, é de que a movimentação do setor tenha um incremento de 150%" (Castro Júnior; Capraro, 2014).

Outro ponto vanguardista, nessa legislação, são as mudanças de julgamento das licitações, as quais alteraram "a sistemática de funcionamento dos arrendamentos portuários no sentido de exigir dos arrendatários serviços mais eficientes e com menores tarifas em vez de exigir a cobrança de valor de outorga" (Farranha; Frezza; Barbosa, 2015, p. 100).

Outra alteração trazida pela Lei dos Portos é a previsão do uso da arbitragem (art. 62). A princípio, é possível pensarmos na arbitragem apenas pelo viés jurídico, mas quando verificamos o uso dessa ferramenta de solução de conflitos como uma aproximação das práticas realizadas no ambiente internacional (Castro Júnior; Capraro, 2014) e a celeridade que a arbitragem pode trazer na solução de conflitos, concluímos que o viés econômico foi igualmente privilegiado. Coase (2017, p. 14) ensina que "os custos de transação, portanto, desempenham um papel crucial na determinação de como direitos serão usados e exercidos". Logo, as questões jurídicas não são desprovidas de reflexos econômicos e, sendo o direito uma ciência social, inclui-se, igualmente, as repercussões que essas decisões terão na sociedade.

4.1 Regime jurídico da marinha mercante: noções gerais

Em 1997, foi publicada a Lei n. 9.432, de 8 de janeiro (Brasil, 1997b), que trata da ordenação do transporte aquaviário, igualmente chamada de "novo regime jurídico para a navegação nacional, em oposição ao aprovado em 1939" (Goularti Filho, 2010, p. 267). A Lei n. 9.432/1997, em seu art. 11, trata do Registro Especial Brasileiro (REB), em capítulo referente à política de apoio ao desenvolvimento da marinha mercante nacional:

> poderão ser registradas embarcações brasileiras, operadas por empresas brasileiras de navegação, além de flexibilizar os contratos de trabalho. Foi aberta a navegação de cabotagem, interior e apoio portuário para embarcações estrangeiras afretadas por empresas brasileiras de navegação. Ficou permitido o afretamento a casco nu e as empresas podem afretar as embarcações no mercado internacional até a construção de novos navios. Também ocorreram outras mudanças no marco regulatório como o fim das conferências fechadas de fretes, a isenção do AFRMM para diversas cargas, a redução da prescrição das cargas e o fim dos subsídios à construção naval (BNDES, 1997). (Goularti Filho, 2010, p. 267)

A antiga TRMM (citada no início deste Capítulo) foi substituída pelo Adicional ao Frete para a Renovação da Marinha Mercante (AFRMM). A Lei n. 10.893, de 13 de julho de 2004 (Brasil, 2004), instituiu o AFRMM e o FMM, com o objetivo de apoiar o desenvolvimento da construção naval nacional. Para atender àquela legislação, publicou-se o Decreto n. 8.257, de 29 de maio de 2014 (Brasil, 2014a). Para a cobrança da AFRMM, a Portaria n. 328/2001, do Ministério de Transportes, em seu art. 2º, inciso VII, estabeleceu o Conhecimento Eletrônico Mercante (CE), permitindo que a autoridade aduaneira obtenha dados para a cobrança desse tributo, que é uma Contribuição de Intervenção no Domínio Econômico (Cide) (Brasil, 2001c).

O Decreto n. 2.256, de 8 de janeiro de 1997 (Brasil, 1997a), trata da regulamentação do REB, que é efetivado pelo Tribunal Marítimo (art. 4º). Além das questões burocráticas que envolvem os registros no REB, é importante destacar que as embarcações registradas no REB podem obter financiamento com juros similares ao efetivados para embarcações destinadas à exportação (art. 7º, *caput* e § 1º).

Para a gestão da marinha mercante, no Brasil, diversas instituições foram criadas e se sucederam no transcurso do tempo, com a finalidade de atender a essa atribuição:

> No início do governo Collor, com a incorporação do Ministério dos Transportes pelo Ministério da Infraestrutura, a recém-criada STA foi extinta, juntamente com o CDFMM, cujas atribuições foram transferidas para o Departamento Nacional de Transportes Aquaviários (DNTA), que reforçou o caráter apenas fiscalizador e normativo (Decreto

99.180/1990). Esta mudança institucional, associada a recessão do início da década e a crise na construção naval, levaram à uma queda considerável na arrecadação do ARFMM entre 1989 e 1994, passando de 428.033 mil dólares para 243.652, respectivamente. (Goularti Filho, 2010, p. 268)

No final da gestão do governo Collor, foi recriado o Ministério do Transporte e das Comunicações e o Departamento Nacional de Transportes Aquaviários, com respaldo no Decreto n. 502, de 23 de abril de 1992 (Brasil, 1992a), que incorporou as funções do Conselho Diretor do Fundo da Marinha Mercante. No governo Itamar Franco, foi criado o Departamento da Marinha Mercante (DMM). Por fim, o governo Fernando Henrique Cardoso criou a Agência Nacional dos Transportes Aquaviários (Antaq), por intermédio da Lei n. 10.233, de 5 de junho de 2001 (Brasil, 2001b), com a perspectiva de estimular a navegação nacional, no entanto, ainda faltam ações mais contundentes para alcançar esse objetivo.

Em continuidade ao tema, a Lei n. 10.893/2004 trata do AFRMM e do FMM. O FMM é formado pelo pagamento da AFRMM, cuja finalidade é permitir que a União possa fomentar o desenvolvimento da marinha mercante, da indústria de construção e reparação naval brasileiras. O AFRMM incide sobre o frete (art. 5º) e tem como fato gerador o "início efetivo da operação de descarregamento da embarcação em porto brasileiro" (Brasil, 2004, art. 4º). Quando o frete estiver referenciado em moeda estrangeira, "a conversão para o padrão monetário nacional será feita com base na tabela 'taxa de conversão de câmbio' do Sistema de Informações do

Banco Central – SISBACEN, utilizada pelo Sistema Integrado do Comércio Exterior – SISCOMEX, vigente na data do efetivo pagamento do AFRMM" (Brasil, 2004, art. 9º).

A Lei n. 7.652, de 3 de fevereiro de 1988 (Brasil, 1988b), refere-se à propriedade marítima, cuja relevância está em "regular o registro da propriedade marítima, dos direitos reais e demais ônus sobre embarcações e o registro de armador" (art. 1º). Serão registrados no Tribunal Marítimo tanto os direitos reais como os ônus que recaem sobre as embarcações (art. 12). Os direitos reais tratam dos bens e as relações econômicas decorrente do seu uso. No Tribunal Marítimo, igualmente, faz-se o registro do armador de embarcação mercante (art. 15).

A Lei n. 9.432, de 8 de janeiro de 1997 (Brasil, 1997b), dispõe sobre a ordenação do transporte aquaviário, aplicando-se aos armadores, às empresas de navegação, às embarcações brasileiras e estrangeiras afretadas por armadores brasileiros e aos armadores, às empresas de navegação e às embarcações estrangeiras, quando amparados por acordos firmados pela União (art. 1º). Essa lei já foi referenciada quando tratamos dos fretes, no Capítulo 3, haja vista que, igualmente, faz referência aos tipos de afretamento.

4.2 Áreas marítimas e tipos de navegação

As áreas marítimas decorrem de classificação apresentada pela Convenção de Montego Bay (Seção 1.4), sendo: Mar Territorial (MT), Zona Contígua (ZC), Zona Econômica Exclusiva (ZEE), Plataforma Continental (PC) e Alto-mar (AM).

O MT é uma faixa de mar de 12 milhas marítimas, medida a partir da linha de base. O art. 5º da Convenção das Nações Unidas sobre o Direito do Mar de Montego Bay (CNUDM III) estabelece que "a linha de base normal para medir a largura do mar territorial é a linha de baixa-mar ao longo da costa, tal como indicada nas cartas marítimas de grande escala, reconhecidas oficialmente pelo Estado costeiro" (Brasil, 1990). Linhas de baixa-mar é a linha apresentada pela maré mais baixa, a qual foi referenciada em cartas marítimas aceita pelos Estados.

Figura 4.1 – *Linha de base marítima*

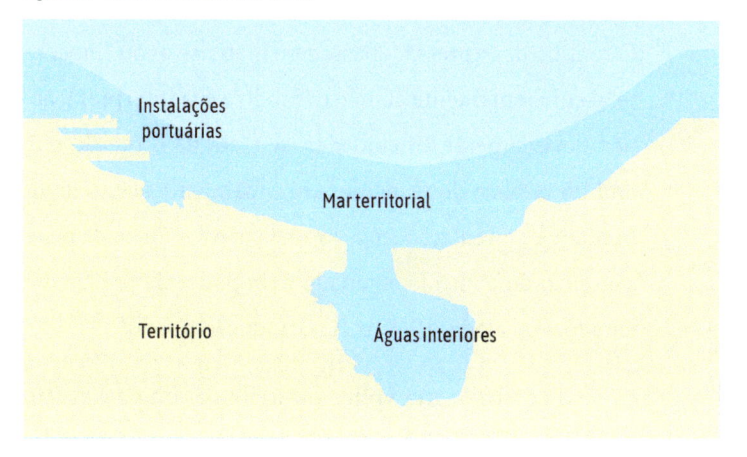

É importante conhecer a finalidade da linha de base, pois ela é referência para a determinação do MT, ZC, ZEE, PC e AM, bem como para a definição de águas interiores, as quais estão situadas em região anterior à linha de base. Observe a ilustração e a indicação da localização das águas interiores. Podemos perceber que, se continuássemos o traçado do território desse país, essas águas estariam dentro do espaço ocupado pela terra. De outra feita, as águas para fora desse traçado imaginário, até o limite de 12 milhas marítimas, compõem o mar territorial. Quando aludimos ao território de um país, devemos ter em mente as fronteiras reconhecidas por outros Estados.

O mar territorial é um espaço que tem a função de proteção do Estado, já que ali exerce sua soberania, conjuntura que remonta à Idade Média (Martins, 2008). Tanto em direito marítimo quanto em direito aeronáutico, embora havendo a soberania de um Estado sobre determinado espaço marítimo, ou aéreo, é assegurado a outras nações o direito de passagem inocente:

> O sentido da expressão "passagem inofensiva" ou "inocente" é suficientemente claro e definido e sua interpretação não deveria gerar dificuldades: se trata da proteção em âmbito público do princípio universalmente aceito da liberdade de circulação, cuja vigência não é manchada pelo exercício do controle emanado pelo poder de polícia do Estado. (Escalada, 1969, p. 327, tradução nossa)[a]

O art. 19 da CNUDM III explica os atributos da passagem inocente, que, resumidamente, contemplam: a ausência de manobras ou atos que afetem o Estado costeiro; a impossibilidade de lançar, receber ou pousar aeronaves ou equipamentos militares; o embarque ou desembarque de produtos, moedas e pessoas em desconformidade com as legislações

---

[a] Para atender ao interesse da sociedade, a Administração Pública tem autoridade para condicionar o exercício de atividades e direitos objetivando a proteção do interesse público. Em direito administrativo, chama-se essa intervenção pública de *poder de polícia* (Chropacz, 2020).

aduaneiras, sanitárias e migratórias do Estado; a atividade de pesca; a poluição ou investigação em relação ao Estado costeiro. Assim como há determinadas regiões do espaço aéreo em que voos são proibidos (zonas proibidas ao voo), é possível que o mesmo princípio contemple algumas regiões do mar territorial, cuja finalidade é garantir a segurança do Estado.

A soberania do Estado sobre seu mar territorial lhe confere o poder de dizer quais normas jurídicas serão aplicadas naquele local. O art. 27 da CNUDM III trata da jurisdição penal a bordo de navio estrangeiro. No item 1 do art. 27, são apresentadas as situações que autorizam a ação, pois a regra geral é o não exercício da jurisdição em embarcações que estejam somente de passagem. Por outro lado, o item 2 permite a prática da jurisdição do Estado costeiro. Por sua vez, essa previsão está coadunada com o art. 5º do Código Penal Brasileiro (CP). Cumpre ressaltar que esses artigos exigem a ocorrência do delito dentro do mar territorial nacional para sua aplicação.

O art. 7º, inciso II, alínea "c", do CP é uma regra subsidiária que se aplica somente quando o Estado onde foi realizado o delito, por algum motivo, não proceder ao seu julgamento. Portanto, ciente a autoridade nacional da prática de crime e signatário de Convenções Internacionais para a repressão de diversos crimes, não poderá o Brasil deixar de aplicar sua legislação penal, mesmo o delito ocorrido em alto-mar.

Para saber mais

Para mais informações sobre a aplicação do direito penal na regulamentação marítima, indicamos a leitura de:

CHROPACZ, F. **Introdução ao estudo do direito aeronáutico**. Belo Horizonte: Dialética, 2020. p. 93 e seguintes.

Para países latinos, há outros dois regramentos para delitos cometidos a bordo: o Código de Bustamante, coadunado com a CNUDM III; e o Tratado de Direito Penal Internacional, mais alinhado com o CP (Martins, 2008).

A jurisdição civil é abordada no art. 28 da CNUDM III, a qual preconiza a abstenção da jurisdição nacional sobre pessoas ou coisas no exercício da passagem inocente. Entretanto, providências poderão ser tomadas caso a própria passagem da embarcação cause alguma responsabilização (Martins, 2008).

Limítrofe ao MT está a ZC. Assim, após as primeiras 12 milhas marítimas do MT, há outras 12 milhas marítimas referente a ZC. Suas atribuições são diversas, conferindo diferentes poderes ao Estado costeiro: "Nessa zona, o Estado costeiro é destituído de jurisdição civil, penal e administrativa. É, também, destituído de soberania, mas tem jurisdição legal específica para os fins de fiscalização no que tange à alfandega, à saúde, à imigração, aos portos e ao trânsito por águas territoriais" (Martins, 2008, p. 63).

Essas previsões estão apresentadas no art. 33 da CNUDM III. A criação de zonas é uma estratégia para a prática de algum "controle nacional" por parte do Estado costeiro, mas, também, a permissão para que a passagem inocente seja praticada por embarcações de outros Estados (Carvalho, 2019). Portanto, trata-se de uma tentativa de equalizar direitos em âmbito internacional.

Figura 4.2 – *Áreas marítimas*

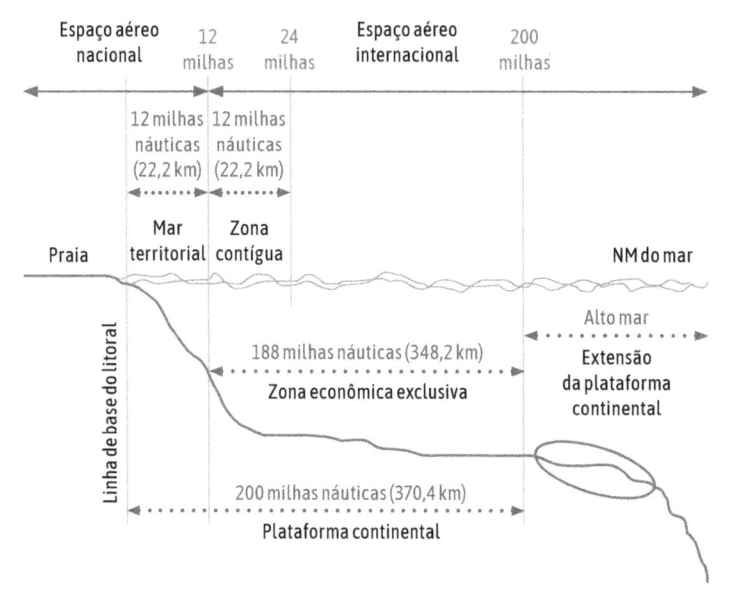

Fonte: IBGE, 2011, p. 29.

A imagem é bastante didática e explica as diferentes áreas marítimas que existem. Depois do Mar Territorial (MT), sucedem a Zona Contígua (ZC), Zona Econômica Exclusiva (ZEE), Plataforma Continental (PC) e Alto-mar (AM).

Após a ZC, encontramos a ZEE, que se estenderá até 200 milhas marítimas medida a partir da linha de base. Dessa forma, dentro do espaço definido como ZEE, estão o MT e a ZC. Sua criação é uma inovação da CNUDM III e está prevista a partir do art. 55 dessa Convenção:

O conceito de ZEE foi estabelecido pela Convenção devido à necessidade da criação de um meio para proteger os direitos dos Estados costeiros relativamente à pesca e extração de recursos vivos. Foi instituído, ademais, como uma forma de conciliação de interesses dos países em desenvolvimento, que advogam maiores larguras para seu mar territorial, e as pretensões dos países desenvolvidos em proteger a liberdade dos mares. (Martins, 2008, p. 64)

O texto do art. 56, da CNUDM III, estabelece que, na ZEE, o Estado costeiro tem direitos de soberania com a finalidade de explorar, conservar, beneficiar-se e gerir os recursos naturais, vivos e não vivos, localizados no subsolo marinho, no leito do mar e nas águas que estão acima dessas regiões. A produção econômica nessa região, por exemplo, inclui a pesca, que deve respeitar os limites permitidos para a manutenção dos cardumes, o uso das águas e dos ventos para a produção de energia. Não é necessário autorização do Brasil para o direito de passagem inofensiva de navios e aeronaves na ZEE. Contudo, caso seja do interesse de outra nação realizar estudos científicos ou manobras militares, faz-se necessário anuência nacional. Nesse sentido, "Na costa brasileira, a ZEE ficou dividida em quatro áreas, diante de sua extensão, pelo Programa de Avaliação do Potencial Sustentável de Recursos Vivos na Zona Econômica Exclusiva (Revizee), implementado no Brasil em atendimento ao disposto no art. 61, 2 da CNUDM III" (Martins, 2008, p. 98).

Contudo, os "direitos de soberania" estabelecidos pela ZEE não são os mesmos da soberania exercida no MT. A soberania exercida no território nacional, conforme explicada na Seção 1.3, é um poder pleno. No entanto, a soberania referenciada do art. 56 é uma soberania reduzida:

> São evidenciados posicionamentos doutrinários que consideram a ZEE de natureza jurídica *sui generis*, ou zona intermediária, quase alto-mar, ou ainda zona de soberania limitada.
>
> Quenedeuc (*apud* Mello, 2000, *passim*) afirma que a natureza jurídica da zona econômica exclusive dependerá da atividade que for enfocada: a) do ponto de vista dos recursos, configura patrimônio do Estado; b) do ponto de vista da navegação, é considerada alto-mar; c) sob a égide da pesquisa e da proteção do meio matinho, é um complemento dos direitos do Estado sobre os recursos. (Martins, 2008, p. 65)

Particularmente, preferimos usar o termo *autonomia* à *soberania limitada*, porque a autonomia garante a prática de diversas ações, como a exploração econômica, mas permitindo que outras sejam limitadas, como explicado na citação anterior. No entanto, destacamos que a maioria das obras publicadas faz referência à *soberania limitada*.

Para complementar as informações aqui apresentadas, informamos que são chamados de *área* os fundos oceânicos, sobre os quais não incide a soberania de qualquer Estado, e o alto-mar. A área é uma espécie de patrimônio comum a todas as nações.

A CNUDM III foi celebrada sob o mote da "manutenção da paz, da justiça e do progresso de todos os povos do mundo", entre outras premissas colaborativas. Assim, o art. 58 da CNUDM III trata dos direitos e deveres de outros Estados na

ZEE, pois há nações desprovidas de acesso ao mar (art. 69, CNUDM III) e outras que têm o acesso desfavorecido (art. 70, CNUDM III), mas que, no entanto, exercem direitos de acessar os recursos naturais fornecidos pelo mar:

> Terceiros Estados usufruem na zona econômica exclusiva três espécies de liberdades próprias do alto-mar, inadmissíveis no mar territorial, quais sejam a liberdade de navegação, de sobrevoo e de colocação de cabos e ductos submarinos. No âmbito da liberdade de navegação situa-se a operação de navios e aeronaves. Tais liberdades não são porém, absolutas, pois devem levar em conta os direitos e deveres dos Estados costeiros cujas leis e regulamentos, desde que compatíveis com as normas internacionais, terceiros Estados se obrigam a respeitar. [...] O traçado da linha para a colocação de cabos e duetos submarinos depende também do consentimento do Estado costeiro que se reserva o *"direito de tomar medidas razoáveis para a exploração da plataforma continental, o aproveitamento de seus recursos naturais e a prevenção, redução e controle da poluição causada por cabos e ductos submarinos"* (Convenção das Nações Unidas, art. 79, § 2º, e art. 87, § 1º, c). (Rangel, 1995, p. 488, grifo no original)

As previsões da CNUDM III não impedem que Estados realizem acordos entre si ampliando as disposições por ela estabelecidas.

Para terminar o tema ZEE e já iniciando o próximo assunto, que é a PC, aproveitamos para tratar da Amazônia Azul, que é a "soma da Zona Econômica Exclusiva (ZEE) com a Plataforma Continental (PC) do Brasil" (Marinha do Brasil,

2022f). Entendemos que essa definição deve incluir o MT e a ZC, pois não faria sentido deixá-las fora desse relevante ecossistema. A Amazônia Azul é muito importante para o Brasil:

> Na área da Amazônia Azul estão as reservas do pré-sal e dele se retira cerca de 85% do petróleo, 75% do gás natural e 45% do pescado produzido no país. Via rotas marítimas são escoados mais de 95% do comércio exterior brasileiro. Nessa área existem recursos naturais e uma rica biodiversidade ainda inexplorados. (Marinha do Brasil, 2022e)

Diante de toda essa riqueza, que ainda precisa ser acessada, o Brasil tomou a decisão, em 2004, de pleitear, junto à ONU, a expansão da ZEE em mais de 2 milhões de km². Essa ampliação se faz necessária para o que Brasil impeça a exploração dessas áreas por outros países, bem como favoreça economicamente o povo brasileiro com o retorno desse aproveitamento. Em 2007, "foram reconhecidos 771 mil km² da plataforma continental estendida brasileira [...] localizados nas Cadeias Norte-Brasileira e Vitória-Trindade" (Paim, 2014, p. 335). Em junho de 2019, "novos 170 mil km² foram incorporados à Plataforma Continental Brasileira, na Região Sul" (Marinha do Brasil, 2022e).

A PC está prevista na CNUDM III a partir do art. 76:

> 1) A plataforma continental de um Estado costeiro compreende o leito e o subsolo das áreas submarinas que se estendem além do seu mar territorial, em toda a extensão do prolongamento natural do seu território terrestre, até ao bordo exterior da margem continental, ou até uma distância de 200 milhas marítimas das linhas de base a

partir das quais se mede a largura do mar territorial, nos casos em que o bordo exterior da margem continental não atinja essa distância. (Brasil, 1990)

A PC é uma área, de acordo com o dispositivo citado, compreendida entre 12 milhas marítimas e 200 milhas marítimas. Assim, "A faixa de solo e subsolo constantes da linha de base até 12 milhas integram, de fato, o mar territorial" (Martins, 2008, p. 72). Entretanto, essa área poderá ser ampliada desde que o Estado costeiro protocole e tenha aprovação nas Nações Unidas, conforme prevê o item 5 do art. 76, fato que já se materializou.

A grande relevância da PC está em fornecer recursos econômicos aos Estados costeiros, como a exploração de petróleo e gás natural. Dessa forma, para o aproveitamento desses recursos, estende-se ao Estado costeiro soberania similar à concedida para a ZEE, sem que se permita que outros Estados também explorem a PC.

O AM ou mar aberto é uma área que se inicia após as 200 milhas marítimas, cujo estabelecimento na CNUDM III foi assim estipulado pelo art. 86:

> As disposições da presente Parte aplicam-se a todas as partes do mar não incluídas na zona econômica exclusiva, no mar territorial ou nas águas interiores de um Estado, nem nas águas arquipélagicas de um Estado arquipélago. O presente artigo não implica limitação alguma das liberdades de que gozam todos os Estados na zona econômica exclusiva de conformidade com o artigo 58. (Brasil, 1990)

Excluindo-se as áreas marítimas com alguma soberania por parte de Estado costeiro, será AM a região em que não há soberania de qualquer país. Para o direito internacional, o AM é uma região comum a todas as nações em que prevalecem as liberdades de navegação, de sobrevoo, de pesca e de exploração científica (art. 87, CNUDM III), bem como o uso pacífico (art. 88, CNUDM III).

Como não há soberania de qualquer Estado em AM; a aplicação da jurisdição seguirá o princípio da bandeira da embarcação ou pavilhão (art. 92, CNUDM III), segundo o qual "Todo Estado de registro deve exercer a sua jurisdição e controle em questões administrativas, técnicas e sociais sobre navios que arvorem a sua bandeira" (Martins, 2008, p. 79).

A Lei n. 9.432/1997, conforme apresentado na Seção 2.4, trata sobre a ordenação do transporte aquaviário e, em seu art. 2º, são apresentadas as categorias de navegação:

> Art. 2º Para os efeitos desta Lei, são estabelecidas as seguintes definições:
>
> [...]
>
> VII – navegação de apoio portuário: a realizada exclusivamente nos portos e terminais aquaviários, para atendimento a embarcações e instalações portuárias;
>
> VIII – navegação de apoio marítimo: a realizada para o apoio logístico a embarcações e instalações em águas territoriais nacionais e na Zona Econômica, que atuem nas atividades de pesquisa e lavra de minerais e hidrocarbonetos;
>
> IX – navegação de cabotagem: a realizada entre portos ou pontos do território brasileiro, utilizando a via marítima ou esta e as vias navegáveis interiores;

X – navegação interior: a realizada em hidrovias interiores, em percurso nacional ou internacional;

XI – navegação de longo curso: a realizada entre portos brasileiros e estrangeiros;

[...]

XIV – navegação de travessia: aquela realizada:

a) transversalmente aos cursos dos rios e canais;

b) entre 2 (dois) pontos das margens em lagos, lagoas, baías, angras e enseadas;

c) entre ilhas e margens de rios, de lagos, de lagoas, de baías, de angras e de enseadas, numa extensão inferior a 11 (onze) milhas náuticas;

d) entre 2 (dois) pontos de uma mesma rodovia ou ferrovia interceptada por corpo de água. (Brasil, 1997b)

As definições apresentadas pela legislação têm a finalidade de estabelecer parâmetros para sua correta aplicação e a realização da atividade aquaviária. Seguindo a ordem apresentada no art. 2º, a primeira espécie de navegação tem a função de contribuir para a realização da própria atividade portuária somente nesta região, como a atividade realizada por rebocadores, cuja finalidade é a atracação e desatracação de navios com segurança.

A navegação de apoio marítimo desenvolve-se por meio de navios que contribuem para a exploração de petróleo, gás natural e minerais; como exemplo, podemos mencionar os navios chamados de *supridores de plataformas marítimas*. O termo *cabotagem* remete à navegação realizada entre portos nacionais; assim, a navegação de cabotagem acontece entre os portos brasileiros, podendo ocorrer por via marítima ou por via interior navegável, como a utilização de rios. A navegação interior acontece por meio da utilização de portos fluviais, os quais são muito importantes para conectar diversas regiões produtoras de grãos, por exemplo, ao mercado internacional. A navegação de longo curso concretiza-se com a navegação operada entre portos brasileiros e portos estrangeiros, fundamental para a realização da atividade comercial exterior.

Por fim, a navegação de travessia tem a finalidade de conectar dois pontos, os quais podem localizar-se entre os cursos dos rios e canais; às margens de lagos, lagoas, baías, angras e enseadas; entre ilhas e margens de rios, lagos, lagoas, baías, angras e enseadas, em uma extensão inferior a 11 milhas náuticas; ou entre dois pontos de uma mesma rodovia ou ferrovia interceptada por corpo de água, conforme expresso na própria legislação.

A evolução tecnológica, aliada aos regramentos jurídicos, permitirá a exploração dessas áreas marítimas e a transformação de riquezas naturais em valores econômicos, os quais poderão contribuir para que o Brasil seja uma nação com menos desigualdades sociais e mais educação.

4.3 Marinha mercante brasileira: aspectos gerais aplicados ao comércio exterior

No Capítulo 1 desta obra, informamos que o transporte marítimo é responsável por 95% do transporte de mercadorias destinadas ao comércio exterior. Portanto, diante dessa magnitude, é relevante voltar os olhos à marinha mercante nacional e estudá-la.

O desenvolvimento econômico deve caminhar alinhado ao fortalecimento da marinha mercante. Se há mercado produtor e consumidor, os bens produzidos devem ser transportados. Assim, há o fortalecimento econômico das nações não somente em seu campo fabril, mas, igualmente, no setor de transportes, cujos reflexos alcançam a marinha mercante, pois, havendo equipamentos necessários para a realização do transporte, a indústria sente-se mais segura com a garantia do escoamento da produção.

Quando observamos a evolução da marinha mercante nacional, notamos períodos de avanços e outros de retrocessos. No início do Capítulo 4, essa temática já foi abordada, passando-se, agora, para algumas considerações relativas à Lei n. 9.432/1997. Essa legislação já foi analisada por vários vieses nesta obra, mas, nesta Seção, vamos destacar seu intento de fortalecer a navegação de longo curso, tornando-a mais competitiva.

Fato é que a atividade desenvolvida pela marinha mercante é imprescindível para o desenvolvimento de uma nação, assim, a Lei Complementar n. 97, de 9 de junho de 1999 (Brasil, 1999), que dispõe sobre as normas gerais para a organização, o preparo e o emprego das forças armadas, em seu art. 17, estabeleceu como atribuições da marinha (de guerra) a orientação e o controle da marinha mercante e de suas atividades correlatas à defesa do interesse nacional, bem como a segurança da navegação aquaviária.

Em 2001, com a Lei n. 10.233, de 5 de junho (Brasil, 2001b), houve a criação da Antaq. Os art. 12, 13 e 14 tratam das diretrizes gerais do gerenciamento da infraestrutura e da operação dos transportes aquaviários. Os mesmos artigos são aplicados no transporte terrestre. Somente a partir do art. 27 dessa legislação é que são elencadas as atribuições da Antaq.

Para o fomento da marinha mercante nacional, não podemos olvidar de investimentos em empresas dedicadas à construção naval. Como a construção de um navio demanda bastante tempo e vultosa quantia financeira, faz-se necessário que essa indústria seja competitiva e entregue equipamentos que posam ser incorporados não somente à frota brasileira, mas também de outros países:

> Cabe frisar que a indústria naval é caracterizada pela fabricação de um bem de capital de alto valor unitário, produzido sob encomenda, e que necessita de longo tempo para obter retorno do investimento. Na maioria das vezes, o valor econômico de um navio em construção supera as condições econômicas do estaleiro, motivo pelo qual o setor, em todo o mundo, é subsidiado e incentivado, quer seja na reserva de mercado, quer seja na obtenção de financiamentos vantajosos aos armadores para que adquiram os navios em seu país. (Silva, 2010, p. 101)

Ressaltamos que a indústria naval não somente constrói navios, mas também os repara, assim como se dedica à construção de plataformas petrolíferas.

Portanto, para entender a relevância da marinha mercante para o comércio exterior, precisamos compreender o sistema jurídico que envolve esse setor, com a finalidade de facilitar a realização das trocas comerciais. No mais, o profissional da área pode contribuir para a formação de leis atuais e sensíveis para o atendimento das necessidades da marinha mercante nacional, auxiliando no processo de torná-la competitiva em comparação às demais frotas mundiais.

4.4 Estatuto jurídico da marinha mercante brasileira

O Estatuto Jurídico da Marinha Mercante nacional faz referência ao conjunto de legislações que organizam esse setor econômico. Dessa forma, não podemos afastar a aplicação da Constituição Federal, de leis trabalhistas, leis previdenciárias e outras regulamentações incidentes a esse setor econômico.

Há diversas normatizações cujos reflexos atingem a marinha mercante nacional, no entanto, os pilares que formaram o Estatuto Jurídico da Marinha Mercante brasileira estão fundamentados nas seguintes legislações: Lei n. 2.180, de 5 de fevereiro de 1954 (Brasil, 1954), a Lei Orgânica do Tribunal Marítimo; Lei n. 9.432/1997, a Lei de Ordenação do Transporte Aquaviário; Lei n. 9.537, de 11 de dezembro de 1997 (Brasil, 1997c), a Lei de Segurança do Transporte Aquaviário; e Lei n. 12.815, de 5 de junho de 2013 (Brasil, 2013b), a Lei dos Portos.

O Tribunal Marítimo (TM) atua em questões administrativas, como a emissão de certidões, registros decorrentes da atividade naval ou autuações. É tido por órgão autônomo, vinculado ao Poder Executivo e colaborador do Poder Judiciário (arts. 13, 18 e 19), já que suas decisões podem ser revistas por esse órgão:

> Em sede de jurisdição contenciosa, atua o TM como órgão julgador dos acidentes marítimos e dos fatos da navegação. No exercício de sua jurisdição contenciosa, engendram-se o processo administrativo punitivo e o processo administrativo disciplinar.
>
> Nos processos administrativos punitivos e nos processos administrativos disciplinares, o TM atua como órgão judicante dos acidentes e fatos da navegação, definindo-lhes a natureza, as causas, as circunstâncias e a extensão do ilícito administrativo. Compete ao referido Tribunal, nestes processos, processar e punir os autores nos limites das suas atribuições e propor, se cabível, medidas de segurança e preventivas atinentes à segurança da navegação, visando a evitar a ocorrência de fatos correlatos. (Martins, 2008, p. 124)

O alcance da jurisdição do TM está descrito no art. 10 da Lei n. 2.180/1954. A existência de fatos de competência do Poder Judiciário determina o encaminhamento do processo ao Poder Judiciário, uma vez que a competência do TM se restringe a temas administrativos.

A criação do TM decorreu da ratificação de convenções internacionais pelo Brasil. É constituído por militares e civis (art. 2º), com jurisdição em todo o território nacional (art. 10 e seguintes) e tem a finalidade de "julgar os acidentes e fatos da navegação marítima, fluvial e lacustre e as questões relacionadas com tal atividade" (art. 1º, Brasil, 1954).

Das decisões do TM é possível interpor três espécies de recurso: a) embargos de nulidade ou infringentes; b) agravo; e c) embargos de declaração (art. 105). Os embargos de nulidade ou infringentes são cabíveis em decisão final sobre o mérito do processo quando se tratar exclusivamente de matéria nova, ou fundada em prova posterior ao encerramento da fase probatória, ou, ainda, quando não unânime a decisão, o embargo estiver restrito à matéria objeto da divergência (art. 106).

Por sua vez, o agravo poderá ser utilizado para os seguintes casos:

> Art. 111. Caberá agravo para o Tribunal por simples petição:
> I – Dos despachos e decisões dos juízes:
> a) que não admitirem a intervenção de terceiro na causa como litisconsorte ou assistente;
> b) que concederem ou denegarem inquirição e outros meios de prova;
> c) que concederem grandes ou pequenas dilações para dentro ou fora do país;
> d) que deferirem, denegarem, ou renovarem o benefício da gratuidade.
> II – Dos despachos e decisões do presidente:
> a) que admitirem ou não recurso ou apenas o fizerem em parte;
> b) que julgarem ou não reformados autos perdidos em que não havia ainda decisão final;
> c) sobre erros de contas ou custas;
> d) que concederem ou denegarem registro. (Brasil, 1954)

Os embargos de declaração podem ser interpostos quando a decisão do TM apresentar ambiguidade, obscuridade, contradição ou omissão (art. 113).

Quanto à Lei n. 9.432/1997, abordada na Seção anterior, cabe destacar seu objetivo de desenvolvimento e fortalecimento da marinha mercante nacional, cuja relevância está em promover o desenvolvimento brasileiro no setor de transporte aquaviários com suas medidas protetivas. O art. 7º dessa legislação estabelece a proteção à embarcação de bandeira brasileira, visto que não permite que embarcações estrangeiras possam realizar a navegação em águas interiores sem que elas se encontrem afretadas por empresas brasileiras de navegação.

O alcance dessas medidas pode refletir no setor industrial, o qual terá meios de escoar sua produção. Essas áreas são sensíveis tanto para a segurança nacional quanto para o fortalecimento econômico. Desse modo, ofertar apoio às empresas brasileiras, bem como instituir o AFRMM, pode gerar competitividade para os *players* nacionais no mercado internacional.

A Lei n. 9.537/1997 dispõe sobre a segurança do tráfego aquaviário em águas sob jurisdição nacional. Cabe à autoridade marítima brasileira, que é o comandante da marinha – art. 3º Decreto n. 3.939, de 26 de setembro de 2001 (Brasil, 2001a) – agir como órgão regulador e fiscalizador do desenvolvimento da atividade (art. 4º). De sua leitura, podemos constatar a intenção do legislador em estabelecer a segurança da navegação por intermédio de exigências mínimas para a realização da atividade de aquaviário (art. 7º), descrevendo as competências do comandante (art. 8º e 10), e para a realização da praticagem (art. 12 a 15).

A Lei n. 12.815/2013 é conhecida como Lei dos Portos. Sua criação decorre do desejo legislativo de ampliar a participação privada na exploração portuária (art. 1º), com a concessão de portos (art. 4º) e arrendamentos (art. 5º-B) mediante licitação pública. Para a contratação de mão de obra avulsa para terminais privados, está dispensada a intermediação do Órgão Gestor de Mão de Obra (OGMO), conforme determinação do art. 44.

O art. 62, parágrafo 1º, permite que os litígios oriundos de débitos das concessionárias, arrendatárias, autorizatárias e operadoras portuárias perante a administração do porto ou a Antaq possam ser resolvidos mediante arbitragem (art. 62). A atração de investimentos privados e a modernização de portos devem ser sentidos com a ampliação da competividade do setor.

5
Direito aeronáutico e seu desenvolvimento

A vontade de voar acompanha o homem desde a mitologia grega, quando Dédalo e Ícaro lançaram-se em voo com asas feitas de cera. Durante a história, foram várias as iniciativas de atravessar o céu em voo. Não podemos deixar de citar que, em 1709, Bartolomeu Lourenço de Gusmão realizou experimentos com ar quente, lançando bases para o desenvolvimento do balão de ar quente. Na Guerra da Tríplice Aliança, Marques de Caxias solicitou a aquisição de um balão para reconhecimento aéreo dos campos e chacos paraguaios (Lopes Filho, 2012), equipamento que permitiu realizar o procedimento com mais facilidade no campo inimigo. Em 1901, Santos Dumont, considerado o pai da aviação, tornou dirigível o balão (Escalada, 1969) e, em 1906, em Paris, realizou o primeiro voo em um equipamento mais pesado que o ar.

De modo apressado, podemos pensar que foi fácil para a humanidade dominar o voo. No entanto, muitos estudos, diversas tentativas e vidas foram sacrificadas para entrarmos com segurança em uma aeronave hoje. Assim como a tecnologia avança e nos apresenta novos aparatos, o direito, como ciência social, estabelece, no transcurso do tempo, normatizações para que a convivência social seja menos conflituosa. Conforme a prática da aviação civil evolui, o direito aeronáutico igualmente precisa acompanhar as mudanças para regular essas ocorrências no campo aeronáutico.

O art. 1º do Código Brasileiro de Aeronáutica (CBA), Lei n. 7.565, de 19 de dezembro de 1986, estabelece que "O Direito Aeronáutico é regulado pelos Tratados, Convenções e Atos Internacionais de que o Brasil seja parte, por este Código e pela legislação complementar" (Brasil, 1986). Realizada a internalização dos tratados e convenções conforme rito previsto na Constituição Federal, com a participação do Congresso Nacional (art. 49, I, CF/1988), esses documentos serão incorporados ao ordenamento jurídico nacional, sendo sua observância obrigatória.

> **Para saber mais**
>
> Para mais informações sobre processo de internalização de convenções internacionais, indicamos a leitura de:
>
> PACHECO, J. da S. **Comentários ao Código Brasileiro de Aeronáutica** (Lei n. 7.565, de 19.12.1986). Rio de Janeiro: Forense, 1998. p. 27 e seguintes.

Para prosseguir no tema, convêm destacar que os termos *direito aéreo* e *direito aeronáutico* não são sinônimos:

> Convém não perder a lembrança que as expressões DIREITO AÉREO e DIREITO AERONÁUTICO não são equivalentes, não são idênticas. O DIREITO AERONÁUTICO estuda, apenas, os problemas relacionados com a navegação aérea e não as restantes atividades e aspectos que, direita ou indiretamente, se referem ao espaço aéreo (radiotelegrafia, radiofonia), as quais pertencem ao campo do DIREITO AÉREO. (Araújo, 1998, p. 7)

O direito aéreo abarca acontecimentos mais amplos e diversos que a navegação aérea. Os efeitos das queimadas, as transmissões radiofônicas, as limitações incidentes sobre as edificações prediais, por exemplo, são temas que envolvem o direito aéreo, pois podem ser interferências que afetem as aeronaves no momento da decolagem ou do pouso, no entanto, essas situações não representam fatos aeronáuticos em si.

No mais, está assentada pela doutrina dominante e pela atual Constituição (Pacheco, 1998), acertadamente, a utilização de direito aeronáutico para a matéria que vamos estudar.

5.1 Desenvolvimento histórico do direito aeronáutico no Brasil e no mundo

Para que o estudo histórico do direito aeronáutico seja mais efetivo, passaremos a estudá-lo apoiado na linha do tempo, apresentando um panorama cronológico da matéria. Em 1889, realizou-se o Primeiro Congresso Aeronáutico de Paris (Escalada, 1969), preparando o mundo para o primeiro voo, ocorrido em 1906. Os estudiosos e interessados nesse novo equipamento iniciaram uma trajetória de desenvolvimento que se aprimorava cada dia mais. Contudo, devemos ter em mente que os aviões daquela época eram equipamentos bem menos potentes e mais rudimentares se comparados com as aeronaves que estamos acostumados a observar cotidianamente.

Em 1909, na Grã-Bretanha, foi fundada a primeira empresa de construção de aeronaves, a Handley Page Ltda (Saraiva et al., 2017, p. 7). Em Verona, no ano de 1910, estudiosos se reuniram no Congresso Internacional da Locomoção Aérea, cujos frutos deram origem ao Comitê Jurídico Internacional, com encontros em Bruxelas (1910) e Paris (1911) (Escalada, 1969). As primeiras notícias do uso de aeronaves em ações militares remontam ao ano de 1911, quando a Itália enfrentava o Império Otomano em Trípoli, atual Líbia (Airway, 2020).

Entre os anos de 1911 e 1913, alguns estados americanos aprovaram suas primeiras legislações tratando da matéria aeronáutica. No mesmo período, foram celebrados acordos entre Estados Unidos e Canadá e entre França e Alemanha (Escalada, 1969). Se, de um lado, havia o grande interesse no desenvolvimento do direito aeronáutico, de outro, alguns governos colocaram entraves do desenvolvimento de todo o aparato jurídico (Escalada, 1969), visto desconhecerem as perspectivas futuras da aviação.

Na Primeira Guerra Mundial, entre 1914 e 1918, os aviões foram utilizados com maior efetividade, tanto como armas de guerra, lançando bombas, quanto como para ações de reconhecimento. Nesse contexto de guerra, onde "o avião definitivamente se inscreveu no rol das forças armadas de diversos países do mundo" (Gusmão, 2018, p. 22), por interesses militares ou proteção interna, fazia-se necessário escrever um novo capítulo da história aeronáutica:

> De ordem completamente diversa ao outro, já que sua base era a necessidade de coordenar os esforços para facilitar a regulamentação jurídica da aeronavegação, levando em consideração o maior rendimento possível para este novo meio de comunicação, ao qual havia chegado o momento de aplicar, em proveito de toda a humanidade, os progressos que os meios técnicos e científicos haviam feito alcançar durante o período de guerra. (Escalada, 1969, p. 69, tradução nossa)

Nessa senda, realizou-se na França, em 1919, a Convenção de Paris, com a finalidade de elaborar os primeiros regulamentos para a aviação mundial. Ora, se os aviões foram utilizados como equipamentos de guerra, então seria possível explorá-los em outros propósitos, como o desenvolvimento do transporte aéreo de pessoas e de cargas. Nesse momento pós-guerra, existia grande excedente de aeronaves que poderiam ter fins mais nobres do que a participação em conflitos.

A Convenção de Paris de 1919 ficou conhecida como "a primeira grande Convenção multilateral no domínio do direito aéreo e constituiu, através do seu texto e da experiência da sua aplicação, uma enorme contribuição na preparação da Convenção de Chicago" (Baganha, 1996, p. 921). Temas muito caros ao direito aeronáutico foram tratados nessa convenção: soberania de Estados em relação ao seu espaço aéreo, direito de passagem inofensiva, destinação com exclusividade do transporte interno para as empresas nacionais, classificação das aeronaves em públicas e privadas (Escalada, 1969).

Igualmente relevante foi a criação da Comissão Internacional de Navegação Aérea (Cina), com a finalidade de estabelecer regras aplicáveis nos territórios dos Estados participantes (Escalada, 1969). Nessa mesma convenção, ocorreu o estabelecimento de nacionalidade para as aeronaves, regramento de saída, rota, decolagem e transportes proibidos (Gusmão, 2018).

A fundação do *Comité Internacional Technique d'Experts Juridiques Aèriens* (Citeja) para o desenvolvimento de estudos em direito aéreo foi o resultado materializado no "primeiro projeto de Convenção Internacional sobre Responsabilidade do Transporte Aéreo", posteriormente conhecido como Convenção de Varsóvia (Pereira, 2012). Essa primeira convenção de direito aeronáutico é bastante relevante, e sua influência perdurará no decorrer do tempo, como se observará nas Seções subsequentes.

Diversas estipulações da Convenção de Paris, de 1919, foram incorporadas à legislação brasileira por intermédio do Decreto n. 16.983, de 22 de julho de 1925 (Brasil, 1925), aprovado como regulamento para os serviços civis de navegação aérea, defendido por diversos autores como a primeira legislação aeronáutica brasileira.

Em 1926, na cidade de Madrid, foi celebrada a Convenção Ibero-Americana de Navegação Aérea. Seus conceitos repisaram vários princípios já apresentados pela Convenção de Paris. Propôs-se a criação da Comissão Ibero-Americana de Navegação Aérea (CIANA), que não entrou em vigor (Baganha, 1996). Na sequência, em 1928, foi celebrada a Convenção sobre a Aviação Civil Comercial, em Havana. Anos depois, a Convenção de Chicago, de 1944, em seu art. 80, determinou a denúncia das convenções de Paris e Havana. A denúncia é ato praticado por uma nação manifestando sua vontade de deixar de ser parte de uma convenção, e sua previsão ocorreu porque muitos países não haviam ratificado aquelas convenções.

Em uma análise histórica, podemose perceber que "Entre a primeira e a segunda guerras mundiais a aviação desenvolveu-se enormemente" (Gusmão, 2018, p. 23). Portanto, torna-se natural que legislações e convenções internacionais também fossem criadas para atender às demandas dessa atividade em expansão.

A Convenção de Varsóvia, de 1929, é também conhecida como Convenção para a Unificação de Certas Regras Relativas ao Transporte Aéreo Internacional, pois cada país contava com suas legislações e orientações para a navegação aérea, fatos que dificultavam a realização dos voos. Foram estabelecidas normas sobre os direitos e os deveres dos usuários do transporte aéreo, suas bagagens e a condução de carga. Criou-se o bilhete de passagem aérea, estabelecendo regramento entre empresa aérea e passageiro desse serviço, lançando-se o fundamento da responsabilidade civil do transportador aéreo e sua obrigação de transporte com segurança de passageiros, bagagens e cargas.

O art. 22 da Convenção de Varsóvia trata da indenização, que é limitada, pois havia "a preocupação de não impor barreiras à evolução deste meio de transporte tão promissor, fixando em patamares módicos as indenizações para os casos de danos decorrentes da atividade" (Cavalcanti, 2002, p. 4). É importante destacar que, no contexto da época, a indústria aérea dava seus passos iniciais. Portanto, defendia-se a tese de que indenizações não poderiam ser vultosas para viabilizar o desenvolvimento ao nascente setor aéreo, pois o pagamento de grandes ressarcimentos inviabilizaria a atividade da empresa aérea.

A Convenção de Varsóvia sofreu alterações por diversos protocolos, entre os quais, os de Haia (1955) e de Guadalajara (1961). Entre as alterações ocorridas, podemos citar o aumento dos limites indenizatórios (Cavalcanti, 2002) decorrentes da evolução do setor aéreo, o qual, com seu amadurecimento, proporcionou maior segurança para esse meio de transporte.

No Brasil, a primeira Constituição Brasileira a tratar do tema foi a Carta Magna de 1934:

Art 5º Compete privativamente à União:

[...]

VIII – explorar ou dar em concessão os serviços de telégrafos, radiocomunicação e navegação aérea, inclusive as instalações de pouso, bem como as vias-férreas que liguem diretamente portos marítimos a fronteiras nacionais, ou transponham os limites de um Estado;

[...]

XIX – legislar sobre:

a) direito penal, comercial, civil, aéreo e processual, registros públicos e juntas comerciais; (Brasil, 1934)

A competência para legislar sobre direito aeronáutico – à época da Constituição de 1934 chamado de *direito aéreo* – cabe à União, porque é fundamental que essa matéria seja tratada de maneira semelhante em todo o território nacional. Seria um grande transtorno para a atividade aérea que cada estado da federação a normatizasse a seu modo, pois o Brasil tem 26 estados mais o Distrito Federal. Isso, igualmente, justifica a competência da União para a celebração de tratados internacionais, inclusive os relativos à atividade aérea (art. 21, I, e 175, CF/1988).

Na sequência, em 1937, foi publicada nova Constituição, que continuou mantendo, como competência da União, tanto a exploração dos serviços aéreos quanto sua legislação:

Art 15. Compete privativamente à União:

[...]

VII – explorar ou dar em concessão os serviços de telégrafos, radiocomunicação e navegação aérea, inclusive as instalações de pouso, bem como as vias férreas que liguem diretamente portos marítimos a fronteiras nacionais ou transponham os limites de um Estado;

Art 16. Compete privativamente à União o poder de legislar sobre as seguintes matérias:

[...]

xi – as comunicações e os transportes por via férrea, via d'água, via aérea ou estradas de rodagem, desde que tenham caráter internacional ou interestadual;

[...]

xvi – o direito civil, o direito comercial, o direito aéreo, o direito operário, o direito penal e o direito processual; (Brasil, 1937)

Em 1938, foi publicado o Decreto-Lei n. 483, de 8 de junho (Brasil, 1938), denominado Código Brasileiro do Ar, cuja finalidade foi "dotar o país de uma legislação capaz de regular eficientemente a aviação civil e comercial" e "acompanhar os progressos da aviação civil e comercial em todo o mundo".

Retornando ao cenário mundial, em 1944, nos Estados Unidos, foi escrita a Convenção de Chicago, chamada de *Convenção sobre Aviação Civil Internacional*. No preâmbulo dessa convenção, é possível perceber o sentimento de que o fim da Segunda Guerra Mundial se aproximava, a qual de fato terminou em setembro de 1945. Portanto, era necessário preparar a aviação civil e o excedente de aeronaves da guerra para o novo contexto que se aproximava.

Diversos artigos dessa convenção trataram da uniformidade, que é tema bastante valioso para a aviação civil, visto que a padronização favorece a cultura da segurança operacional. Não podemos deixar de citar que essa convenção tratou da nacionalidade e das marcas de aeronaves, da implantação de infraestrutura, das regras aduaneiras, da busca e do salvamento, aprofundando diversos temas que começaram a ser discutidos ainda na Convenção de Paris de 1919.

A Cina foi substituída pela Organização Provisória da Aviação Civil (Opaci), que teve sua atuação no cenário internacional até o momento da obtenção de 26 ratificações, quando foi estabelecida a Organização da Aviação Civil Internacional (Oaci), em 1947 (Escalada, 1969). A Oaci está sediada em Montreal, no Canadá, e seus membros reúnem-se com certa periodicidade para debater temas inerentes à aviação civil. O Brasil é um dos países-membros. Entre os objetivos da Oaci, descritos no art. 44 (Anac, 1946), estão: segurança, uso pacífico da aviação e fomento para estruturação da atividade.

Em 1947, entre os órgãos criados pela Oaci está o Comitê Jurídico, que finaliza as atividades da Citeja, anteriormente criada na Convenção de Paris de 1919. Cabe informar que a Associação Internacional de Transportes Aéreos (*International Air Transport Association* – IATA) é uma instituição diversa da Oaci e tem por missão "representar, liderar e servir o setor aéreo" (Iata, 2020). Empresas dedicadas ao setor aéreo integram essa associação, que objetiva eficiência nos resultados, desenvolvimento de padrões para a aviação, redução de custos e satisfação dos passageiros.

A Convenção de Chicago tem, atualmente, 19 anexos, os quais tratam de diversos temas relevantes para a aviação civil, a saber: Anexo 1 – Licenças de pessoal; Anexo 2 – Regras do ar; Anexo 3 – Serviço meteorológico para a navegação aérea internacional; Anexo 4 – Cartas aeronáuticas; Anexo

5 – Unidades de medida a serem usadas nas operações aéreas e terrestres; Anexo 6 – Operação de aeronaves; Anexo 7 – Marcas de nacionalidade e de matrícula de aeronaves; Anexo 8 – Aeronavegabilidade; Anexo 9 – Facilitação; Anexo 10 – Telecomunicações aeronáuticas; Anexo 11 – Serviços de tráfego aéreo; Anexo 12 – Busca e salvamento; Anexo 13 – Investigação de acidentes de aviação; Anexo 14 – Aeródromos; Anexo 15 – Serviços de informação aeronáutica; Anexo 16 – Proteção ao meio ambiente; Anexo 17 – Segurança: proteção da aviação civil internacional contra atos de interferência ilícita; Anexo 18 – Transporte de mercadorias perigosas; Anexo 19 – Sistema de gerenciamento da segurança operacional.

Em 1946, a Constituição Federal estabeleceu:

> Art 5º Compete à União:
>
> [...]
>
> xii – explorar, diretamente ou mediante autorização ou concessão, os serviços de telégrafos, de radiocomunicação, de radiodifusão, de telefones interestaduais e internacionais, de navegação aérea e de vias férreas que liguem portos marítimos a fronteiras nacionais ou transponham os limites de um Estado;
>
> [...]
>
> xv – legislar sobre:
>
> direito civil, comercial, penal, processual, eleitoral, aeronáutico, do trabalho e agrário; (Brasil, 1946)

A Convenção de Genebra foi realizada em junho de 1948, na Suíça. Sua relevância está em assegurar o direito de propriedade das aeronaves dentro da estrutura formada pelos

Estados signatários. Há vários institutos do direito civil que podem ser celebrados tendo por objeto a aeronave. Dessa maneira, com a finalidade de fomentar negócios e o transporte aéreo, o direito de propriedade deve ser garantido pelos Estados, evitando que credores tenham dificuldade de reaver seus bens em caso de inadimplência.

Após o fim da Segunda Guerra Mundial, o mundo experienciou a Guerra Fria. Além dessa bipolarização, houve conflitos ocorridos no Oriente Médio, os quais foram intensificados com a criação do Estado de Israel, em 1948, e as discórdias entre os seguidores do islamismo:

> Os primeiros casos de desvio de aeronaves mediante ação violenta ocorreram nos países socialistas e envolviam, em regra, pequenas aeronaves. Constituíram casos de fuga, em direção aos países ocidentais, de pessoas que procuravam escapar à Cortina de Ferro. De 1948 a 1950 ocorreram 17 casos dessa natureza, todos apresentando motivação política, resultando do clima de hostilidade internacional provocado pela *guerra fria*.
>
> A revolução cubana fez surgir, nesta parte do mundo, o mesmo fenômeno, a partir de 1960, desenvolvendo-se assustadoramente, a partir de 1968. Nesse ano, 27 aeronaves foram desviadas, com 1.490 passageiros. Em 1969, 89 foram os casos registrados, envolvendo 4.519 passageiros. (Fragoso, [1970], p. 14)

Segundo Fragoso ([1970]), as ações da guerra atingiram diversos países da Europa, sendo os países árabes um lugar de refúgio aos ataques terroristas contra Israel. No Brasil, o conflito repercutiu em 11 casos.

A Convenção de Tóquio, de 1963, estabeleceu uma estrutura de segurança para a atividade aérea, uma vez que se fazia necessário coibir e punir os crimes de apoderamento ilícito de aeronaves. Essa convenção, recepcionada pelo Decreto-Lei n. 479, de 27 de fevereiro de 1969 (Brasil, 1969c), outorgou ao comandante da aeronave poderes para tomar medidas necessárias, resguardando a segurança dos passageiros, tripulação, bens embarcados e a própria aeronave. Para o direito brasileiro, os termos sequestro e apoderamento ilícito de aeronaves tratam de crimes diversos; embora a convenção, em seu art. 11 da Convenção de Tóquio, trate de sequestro ilícito de uma aeronave, faz-se necessário apresentar ao leitor essa diferença.

O sequestro descrito no art. 148 do Código Penal (CP) tem por vítima somente pessoas (seres humanos). A aeronave é equipamento passível de apoderamento ilícito, porque se pratica esse ato com a finalidade de impedir que tripulação ou os passageiros possam locomover-se, visando à obtenção de vantagens políticas e de recursos financeiros ou para provocação de terror social, segundo determina a Lei n. 7.170, de 14 de dezembro de 1983, no art. 19 (Brasil, 1983).

Em 1969, sob a égide de uma nova Constituição, resgatou-se o termo *direito aeronáutico*:

> Art. 8º. Compete à União:
> [...]
> XVII – legislar sobre:
> [...];

b) direito civil, comercial, penal, processual, eleitoral, agrário, marítimo, aeronáutico, espacial e do trabalho; (Brasil, 1969)

Em dezembro de 1970, na Holanda, foi celebrada a Convenção para a Repressão ao Apoderamento Ilícito de Aeronaves, com a finalidade de evitar que nenhuma ocorrência criminosa ficasse sem punição. Devemos recordar que o mundo ainda sofria com diversos conflitos ideológicos, assim, as aeronaves eram alvos fáceis para que os criminosos pudessem obter vantagens com seu apoderamento.

Em Montreal, no ano de 1971, foi realizada a Convenção para a Repressão aos Atos Ilícitos contra a Segurança da Aviação Civil. Visando prevenir os ataques à segurança da aviação civil, são considerados atos de violência na aviação os praticados contra pessoa a bordo de uma aeronave em voo, ameaçando a segurança do transporte aéreo; contra a aeronave, tornando-a inapta para o voo ou atingindo sua segurança; o embarque de artefatos de destruição com a finalidade de arruinar a aeronave ou que coloque em risco sua segurança para o voo; a eliminação ou avaria dos equipamentos de navegação aérea ou de suas funcionalidades visando atingir a segurança aérea; a comunicação de informação que o emissor conhece ser falsa, com a finalidade de colocar em risco a segurança da aeronave em voo.

No Brasil, em 1986, publicou-se a Lei n. 7.565, de 19 de dezembro (Brasil, 1986), chamada de Código Brasileiro de Aeronáutica (CBA). Esse código compilou diversas matérias relativas à aviação civil.

O Protocolo para a Repressão de Atos Ilícitos de Violência em Aeroportos que Prestem Serviços à Aviação Civil Internacional foi celebrado em 1988, conhecido como Protocolo de Montreal de 1988, ratificado pelo Decreto n. 2.611, de 2 de junho de 1998 (Brasil, 1998b). Esse protocolo complementou a Convenção para a Repressão de Atos Ilícitos contra a Segurança da Aviação Civil de 1971, e seu texto incluiu novos crimes praticados contra pessoas em aeroportos destinados à aviação civil internacional, que causem a destruição ou graves danos "às instalações de um aeroporto que preste serviço à aviação civil internacional" (Brasil, 1998b) ou aeronave nesse aeroporto, bem como serviços e a segurança desse local, utilizando-se de artefato, substância ou arma.

No Brasil, em 1988, a Constituição Federal estabeleceu, em seu art. 22:

> Art. 22. Compete privativamente à União legislar sobre:
> I – direito civil, comercial, penal, processual, eleitoral, agrário, marítimo, aeronáutico, espacial e do trabalho;
> (Brasil, 1988a)

Portanto, está sedimentado o uso do termo *direito aeronáutico* para tratar da atividade de navegação aérea e o uso de aeronaves, sem que ele seja tido por sinônimo de *direito aéreo*.

Em 2001, o mundo foi aturdido pelo ataque às Torres Gêmeas, em Nova York. Além dos reflexos para toda a humanidade, na aviação, esses atos alteraram medidas de segurança e relações contratuais entre seguradoras e companhias aéreas. Nesse contexto, as empresas seguradoras reduziram drasticamente valores de cobertura para eventos envolvendo atos de terrorismo e guerra.

Relevante para toda a humanidade, que não pode ser privada da atividade aérea – tanto que, no Brasil, é tida por serviço público (art. 21, xii, "c", cf/1988) –, os Estados passaram a se responsabilizar pelas obrigações indenizatórias decorrentes de atos de terrorismo e guerra contra aeronaves, já que seguradoras deixaram de arcar com essa prestação. Em nosso país, a primeira legislação sobre esse tema foi publicada em 2002, a Lei n. 10.605, de 18 de dezembro (Brasil, 2002b), a qual foi revogada pela Lei n. 10.744, de 9 de outubro de 2003 (Brasil, 2003).

Essas foram as publicações mais relevantes em matéria de direito aeronáutico. Entretanto, devemos lembrar dos acordos bilaterais, os quais são importantes para a prática comercial com outro país.

5.2 Importância do direito aeronáutico no comércio exterior

Embora o comércio exterior seja preponderantemente realizado pela via marítima, não podemos deixar de abordar a contribuição das aeronaves nesse ramo de atividade, pois, se comparadas com os navios, estas são os meios de transportes mais rápidos e eficientes no transporte de cargas sensíveis, como produtos tecnológicos e medicamentos, sendo facilmente rastreadas para o imediato acompanhamento de sua localização. Toda essa eficiência tem seu custo, mas a depender da necessidade do cliente, será uma excelente opção de transporte comercial.

Quando tratamos de transporte aéreo de mercadorias, devemos ter em mente que as empresas aéreas utilizam de centros aeroportuários (*Hubs Airports*), que são locais onde a transportadora concentra a logística de importação e exportação, com a finalidade de otimizar o transporte de cargas[a]. As empresas aéreas escolhem alguns aeroportos para concentrar suas partidas e chegadas internacionais e, consequentemente, as ações para o transporte de mercadorias.

Na Seção 3.2, abordamos os Termos Internacionais de Comércio (Incoterms) e verificamos a possibilidade do transporte multimodal de produtos, os quais podem ser trasladados via terrestre, aquática ou aérea.

Fato que deve ser registrado, como informação histórica, que a pandemia causada pela covid-19 resultou em enorme redução dos voos e, por consequência, na dificuldade do escoamento de produtos por via aérea (Abol, 2020). Em atos desarrazoados, diversos governadores proibiram o funcionamento de aeroportos, cuja competência para legislar cabe à União (art. 22, I, CF/1988). Devemos lembrar que a competência sanitária em áreas restritas cabe à Agência Nacional de Vigilância Sanitária (Anvisa), podendo as vigilâncias sanitárias estaduais ou municipais realizar ações em áreas não restritas.

Em 19 de março de 2020, foi publicada a Medida Provisória (MP) n. 925 (Brasil, 2020d), que foi convertida na Lei n. 14.034, de 5 de agosto de 2020 (Brasil, 2020b), a qual "dispõe sobre medidas emergenciais para a aviação civil brasileira em razão da pandemia da covid-19". Essa MP estipulou

---

[a] HUB aéreo também é utilizado para o transporte de passageiros.

a dilatação de prazo para o recolhimento de contribuições fixas e variáveis decorrentes de contratos de concessões de aeroportos realizados com o governo federal, cuja finalidade era melhorar o fluxo de caixa das organizações do ramo da aviação civil, tendo em vista a grande redução do número de passageiros e a valorização do dólar nesse momento.

No Brasil, as empresas LATAM, GOL e AZUL realizaram ajustes na prestação dos serviços aéreos, estabelecendo uma malha aérea essencial a partir de 28 de março de 2020, com a finalidade de manter alguma integração em todos os estados brasileiros, mesmo sob pouca demanda (Anac, 2020a).

Em 27 de março de 2020, a Agência Nacional de Aviação Civil (Anac) publicou a Portaria n. 880/SPO (Anac, 2020b), autorizando que empresas de táxi aéreo realizassem o transporte de cargas pelo período de 180 dias da data de publicação dessa portaria. No mês de abril, a Anac autorizou o transporte de "produtos e insumos essenciais nesse momento de pandemia, como alimentos, suprimentos médicos e equipamentos de proteção individual (EPI), além de outros produtos hospitalares" (Anac, 2020b) na cabine de passageiros, desde que essa aeronave não estivesse transportando passageiros, pois era necessário o fornecimento desses bens e, também, permitir que as companhias aéreas ampliassem sua atuação, a qual já estava bastante restrita.

No dia 4 de abril de 2020, foi publicada a MP n. 945/2020 (Brasil, 2020e), que foi convertida na Lei n. 14.047, de 24 de agosto de 2020 (Brasil, 2020c), a qual estabeleceu, em seu art. 8º, alterações no art. 95 do CBA e a revogação de seus parágrafos 1º e 2º. O art. 95 do CBA foi reescrito com a finalidade de compatibilizá-lo com a Lei n. 11.182, de 27 de setembro de

2005 (Lei de criação da Anac) e com o Anexo 17 à Convenção de Aviação Civil Internacional, que resultou na constituição da Oaci, visto que esse anexo se dedica à Segurança da Aviação Civil contra Atos de Interferência Ilícita. Tendo em vista o momento singular que a aviação civil enfrentou em todo mundo e a necessidade de manter atualizada a legislação pátria, utilizou-se dessa oportunidade para a modernização do CBA.

5.3 *Organizações internacionais e o direito aeronáutico*

Retomando ao tema inicialmente abordado na Seção 5.1, passamos a tratar da *International Civil Aviation Organization* (ICAO), ou Organização da Aviação Civil Internacional (Oaci), cuja criação ocorreu na Convenção de Chicago, em 1944. A Oaci é uma agência da Organização das Nações Unidas (ONU) para a promoção e o desenvolvimento da aviação civil mundial, cujos pilares são: segurança da aviação, capacidade e eficiência de navegação aérea, segurança e facilitação da aviação, desenvolvimento econômico do transporte aéreo e proteção ambiental (ICAO, 2022). Para esses intentos, a Oaci utiliza de *Standard and Recommended Practices* (SARPs), que são normas e práticas recomendadas.

A sede da Oaci está localizada em Montreal e, atualmente, essa organização é formada pela participação de 193 Estados-membros (ICAO, 2022). É composta por Assembleia, Conselho, Comitês Permanentes e Secretariado. A Assembleia, composta por todos os Estados-membros, reúne-se a cada três anos para a escolha dos integrantes da comissão.

Cabe à Assembleia a estipulação de diretrizes que devem ser seguidas pelo triênio. Portanto, a Assembleia detém a primazia na condução direcional da Oaci.

O Conselho é constituído por 36 Estados e dedica-se a implantar as diretrizes estabelecidas pela Assembleia. É renovado a cada três anos e recebe a colaboração dos Comitês:

> O Conselho da OACI, outrossim, é assessorado tecnicamente por parte de seus Comitês, quais sejam: Comitê de Transporte Aéreo (ATC), quanto a assuntos de regulação econômica e facilitação; Comitê de Interferência Ilícita (UIC), quanto a assuntos referentes a aviation security ou AVSEC; Comitê Jurídico (LC); Comitê de Recursos Humanos (HRC); Comitê de Finanças (FIC); Comitê de Cooperação Técnica (TCC); Comitê de Suporte Conjunto (JSC); e Comitê de Relações com o País Anfitrião (RHCC). Além disso, fornecem subsídios essenciais ao Conselho da OACI, o Comitê de Proteção Ambiental da Aviação (CAEP), que possui características organizacionais peculiares; e, sobretudo, a ANC, principalmente no que se refere a safety. (Pecoraro, 2018, p. 160)

Uma das atribuições do Conselho é a publicação de SARPs, que são difundidas como anexos às convenções internacionais, orientando práticas voltadas à segurança da aviação civil internacional:

> Padrões e Práticas distinguem-se em razão da necessidade da demonstração pelos Estados quanto ao cumprimento dos requisitos acordados; enquanto os padrões são reconhecidos como necessários para a regularidade e eficiência

da navegação aérea, para a segurança operacional e segurança da aviação, as práticas recomendadas são consideradas desejáveis para o cumprimento dos mesmos objetivos. (Pecoraro, 2018, p. 166)

Caso certo Estado deixe de observar alguma SARP, faz-se necessário comunicar à Oaci essa situação, a qual é tratada por "diferença". É importante que as "diferenças" sejam informadas para que outros Estados sejam alertados diante dessa discordância tomada por um país.

Somente o Comitê de Transporte Aéreo (ATC) foi citado quando da criação da Oaci. Suas atribuições tratam da "facilitação, ao desenvolvimento econômico do transporte aéreo e à regulação econômica de aeroportos" (Pecoraro, 2018, p. 161). O Brasil é membro-fundador da Oaci, participando dessa e de outras comissões (Brasil, 2021a).

O Secretariado realiza atividades administrativas de forma contínua para a perfeita atuação da Oaci, de seus conselhos e comitês, sendo o "órgão executor responsável pela realização de todos os objetivos e estratégias traçadas no âmbito da Assembleia, assim como das decisões tomadas pelo Conselho" (Pecoraro, 2018, p. 166). A Oaci mantém escritórios em diversas partes do mundo e, na América Latina, está localizada em Lima, no Peru.

Aproveitamos a abordagem desses temas para tratar da auditoria realizada pela Oaci, na Anac, em novembro de 2015. Nessa oportunidade, constatou-se que "o Brasil obteve 95,07% de conformidade no *Universal Safety Oversight Audit Programme–Continuous Monitoring Approach* (USOAP CMA), programa lançado em resposta às preocupações sobre a adequação da vigilância da segurança operacional da aviação civil em todo o mundo" (Anac, 2016a). Esse resultado coloca o Brasil entre os cinco países com os melhores indicativos de segurança operacional.

Outra organização relevante para o transporte aéreo civil é a IATA, cuja fundação ocorreu em Cuba, na cidade de Havana, no ano de 1945 (IATA, 2020). Conforme previsão do art. 1º do Decreto n. 83.060, de 22 de janeiro de 1979, a IATA é:

> Associação Internacional dos Transportadores Aéreos, sem fins lucrativos, constituída de acordo com as leis canadenses, com sede em Montreal, Quebec, Canadá, autorização para funcionar no Brasil com Escritórios Técnicos de ligação e colaboração, no continente sul-americano e no Caribe, com as Autoridades da Aviação Civil e com empresas de transporte aéreo, na solução de problemas dos Transportadores associados e de cooperação com a International Civil Aviation Organization e outras organizações internacionais. (Brasil, 1979)

Da previsão legislativa, podemos inferir que a IATA é uma organização técnica, composta por empresas que atuam na aviação civil, logo, os Estados-membros não fazem parte de sua composição, somente organizações privadas. Seus objetivos visam:

› Proteção e segurança: para promover serviços aéreos seguros, confiáveis e protegidos.
› Reconhecimento da indústria: para conseguir o reconhecimento da importância do desenvolvimento social e econômico do transporte aéreo em todo o mundo.

> Viabilidade financeira: auxiliar a indústria a atingir níveis adequados de rentabilidade, otimizando receitas (yield management) e minimizando custos (combustível, encargos e tributação).
> Produtos e serviços: fornecem produtos e serviços exigidos pela indústria de alta qualidade e com boa relação custo-benefício, que auxiliam as companhias aéreas a atender às necessidades do consumidor.
> Padrões e procedimentos: para desenvolver padrões econômicos e ecologicamente corretos para facilitar as operações de transporte aéreo internacional.
> Suporte da indústria: para identificar e articular posições comuns da indústria e apoiar as resoluções de questões-chave da indústria (congestionamento, infraestrutura). (IATA, 2020, tradução nossa)

Atualmente, a IATA tem 290 membros e não faz parte da ICAO, tampouco é sua concorrente. A IATA tem 53 escritórios espalhados pelo mundo: no Brasil, há escritórios em São Paulo e em Brasília (Martins, 2018). A IATA também se dedica à formulação de manuais cuja finalidade é contribuir com a procedimentalização de variadas atividades praticadas por seus integrantes. Podemos citar como exemplo desses manuais, *Dangerous Goods Regularions* (Regulamento de Mercadorias Perigosas) e *Passenger Services Conference Resolutions Manual* (Manual de Conferência de Padrões de Passageiros). Esses e outros manuais podem ser encontrados no *site* da IATA, na seção de publicações.

5.4 Legislação aeronáutica

No início deste Capítulo, fizemos referência ao art. 1º do CBA. Nesse artigo, entre as fontes formais do direito aeronáutico, citamos a legislação complementar. Conforme ensinamento de Honorato (2014, p. 400), "compreendem a legislação complementar aeronáutica os regulamentos, as normas do sistema, as resoluções, as instruções e portarias, quer dizer atos administrativos em geral, emitidos pela autoridade de aviação quando do exercício da função regulatória ou normativa".

A atividade aeronáutica tem a CF/1988 como norma superior a ser observada (lembre-se da abordagem apresentada na Seção 1.3 desta obra). Na sequência, seguem as leis, a exemplo do CBA, que são a Lei n. 7.565/1986 e a Lei do Aeronauta, n. 13.475, de 28 de agosto de 2017 (Brasil, 2017a). Os decretos têm a função de estabelecer procedimentos, regulando leis e acolhendo convenções internacionais que foram internalizadas. Toda a estruturação legislativa está organizada didaticamente no sítio eletrônico da Anac (Anac, 2022). Portanto, não se faz necessário replicá-las aqui. No entanto, é importante fazer alusão aos seguintes normativos: IAC, IS, RBHA e RBAC.

A Instrução de Aviação Civil (IAC) tem por objetivo estabelecer normativos "compulsório, de teor técnico ou administrativo, que estabelecem uma padronização de procedimentos relativa às atividades da aviação civil", exposto em 2.3 IAC 001-1001A. Por sua vez, a Instrução Suplementar (IS) é "norma suplementar de caráter geral editada pelo Superintendente da área competente, objetivando esclarecer, detalhar e orientar a aplicação de requisito previsto em RBAC ou RBHA" (Anac, 2021). Nesse entendimento,

> O Código Brasileiro de Aeronáutica estabelece os RBAC – Regulamentos Brasileiros de Aviação Civil, mas também existem os RBHA – Regulamentos Brasileiros de Homologação Aeronáutica. A diferença é que os RBAC foram criados na gestão ANAC e os RBHA foram criados na época do DAC – alguns ainda continuam válidos em função de sua eficácia jurídica para os propósitos aos quais se destinam. (Asas Brasil, 2020)

O Regulamento Brasileiro de Homologação Aeronáutica (RBHA) e o Regulamento Brasileiro da Aviação Civil (RBAC) "têm por finalidade determinar parâmetros mínimos de segurança para a aviação civil cujas medidas administrativas e de certificação de empresas atendam às recomendações internacionais, bem como patronizar práticas" (Batista; Cunha, 2018, p. 651).

Assim, não deve causar estranheza que o direito aeronáutico recorra a várias fontes para ser aplicado:

> Assim, por exemplo, são de Direito Constitucional as normas que afirmam a soberania brasileira sobre o espaço aéreo acima de seu território e mar territorial (art. 11) ou as que dispõem sobre os atos internacionais e o processo legislativo correspondente (art. 1º, § 1º).
> Ampla a contribuição do Direito Civil e do Direito Comercial: responsabilidade civil (art. 246 e ss); conceituação de pessoa jurídica de direito privado (Aeroclube, art. 97); sistema de registro aeronáutico (art. 72); facilitar

transporte aéreo ao fito de avaliar os seus resultados e sugerir alterações a aperfeiçoamento do serviço (art. 94); contrato de transporte aéreo (art. 222); sistema de indústria aeronáutica (art. 101); propriedade de aeronave (art. 115); contratos sobre aeronave (art. 125); construção, arredamento, fretamento, hipoteca, alienação fiduciária; liquidação, falência da empresa concessionária.

De igual maneira, as normas de direito processual: sequestro e penhora (art. 153 e 155); e as de Direito Administrativo: a orientação, coordenação, controle e fiscalização pelo Ministério da Aeronáutica (art. 12) quanto às matérias ali arroladas; o poder de polícia exercido pela administração; a segurança da aviação civil; regime de bens da União; concessão ou permissão dos serviços aéreos; infrações administrativas (art. 288 e ss); sistema aeroportuário; controle e fiscalização dos serviços aéreo públicos (art. 192); órgãos e comissões (normas organizacionais programáticas), v.g. a Comissão Nacional de Segurança da Aviação Civil (art. 95) e a Comissão da Infraestrutura Aeronáutica (art. 105). (Poletti, 1994, p. 109)

No Brasil, a aviação civil está sob a tutela da Anac, e o controle do espaço aéreo, sob a responsabilidade do Departamento de Controle do Espaço Aéreo (Decea). Cada uma dessas entidades elabora regulamentações: "Para a atividade de Controle do Espaço Aéreo, o Decea elabora os Manuais e as ICA's (Instrução do Comando da Aeronáutica), enquanto os RBAC's (Regulamentos Brasileiros da Aviação Civil), são da competência da ANAC" (Calazans, 2018, p. 312).

De outro lado, não podemos afastar a estreita ligação do direito aeronáutico com o direito administrativo. A Anac foi criada pela Lei n. 11.182/2005 e estabelecida por intermédio do Decreto n. 5.731, de 20 de março de 2006 (Brasil, 2006a), com a missão de garantir segurança e excelência na aviação civil nacional. O art. 27 da referida lei determinou a realização de audiências públicas, as quais, de acordo com o art. 45 do decreto, são realizadas com os seguintes objetivos:

> I – recolher subsídios para o processo decisório da ANAC;
>
> II – assegurar aos agentes e usuários dos respectivos serviços o encaminhamento de seus pleitos e sugestões;
>
> III – identificar, da forma mais ampla possível, os aspectos relevantes da matéria objeto da audiência pública; e
>
> IV – dar publicidade à ação regulatória da ANAC. (Brasil, 2006)

Devemos observar que a participação de diversos agentes corrobora com a edição de normativos bastante oportunos, indo ao encontro dos princípios constitucionais da publicidade e eficiência (art. 37, CF/1988).

Quando tratamos da Anac, não podemos deixar de fazer referência a duas resoluções: n. 461/2018 e n. 472/2018. A primeira trata dos procedimentos de embarque e desembarque de passageiros armados, e segunda estabeleceu procedimentos administrativos vinculados à atividade fiscalizatória da Anac. Após os atos terroristas de 11 de setembro[b], nos Estados Unidos, medidas mais severas foram emitidas, no Brasil e no mundo, a fim de aumentar a segurança na aviação civil "com intuito de reduzir a vulnerabilidade do transporte aéreo" (Santos, 2006, p. 1).

Com relação à Resolução n. 472/2018, a fiscalização é realizada para garantir que a aviação civil e a infraestrutura aeronáutica e aeroportuária operem cumprindo os requisitos e os parâmetros previstos nos processos de certificação e outorga estabelecidos em legislação, "visando a proteger e a resguardar o interesse público conforme as disposições da lei, no interesse da segurança, e da qualidade dos serviços aéreos" (art. 2º, I).

Em 2017, foi publicada a Lei n. 13.475, de 28 de agosto (Brasil, 2017a), a qual trata do "exercício da profissão de tripulante de aeronave", conhecida como a Lei do Aeronauta, destinando-se a regulamentar a atividade profissional do "piloto de aeronave, comissário de voo e mecânico de voo" (art. 1º). Essa legislação define as funções desses profissionais, bem como as particularidades do regime de trabalho dos aeronautas, que não podem ser olvidadas, tampouco comparadas com outras atividades profissionais.

---

b   Os fundamentalistas islâmicos da Al-Qaeda apoderaram-se ilicitamente de quatro aeronaves civis nos Estados Unidos. Duas aeronaves foram colididas com as Torres Gêmeas, na cidade de Nova York; uma aeronave foi lançada contra o Pentágono, em Washington D.C. A quarta aeronave foi jogada contra o solo próximo à cidade de Shanksville (Estado da Pensilvânia) depois de os passageiros entrarem em luta corporal contra os terroristas.

5.5 Convenção de Montreal

É comum que as convenções recebam o nome das cidades em que foram realizadas, portanto, é possível existir mais de uma convenção com o mesmo nome, o que explica a existência de referências a Montreal em 1971, 1975, 1988 e 1999. A convenção de 1971 é chamada de Convenção para a Repressão aos Atos Ilícitos contra a Segurança da Aviação Civil. Por sua vez, o Protocolo de 1975 apresentou o Protocolo Adicional n. 4 à Convenção de Varsóvia de 1929. Em 1988, publicou-se o Protocolo para Repressão de Atos Ilícitos de Violência em Aeroportos que Prestem Serviços à Aviação Civil Internacional. A Convenção de 1999 é conhecida como a Convenção para a Unificação de Certas Regras Relativas ao Transporte Aéreo Internacional.

Interessa-nos, aqui, abordar o Protocolo de 1975 e a Convenção de 1999, porque ambos se referem à Convenção de Varsóvia, que tratou da responsabilidade do transportador aéreo, conforme apresentamos na Seção 5.1.

O Protocolo de 1975 foi recepcionado pela legislação nacional por intermédio do Decreto n. 2.861, de 7 de dezembro de 1998 (Brasil, 1998c). Essa legislação trata do conhecimento aéreo, recibo de mercadoria e responsabilidades do transportador, atualizando as disposições de trazidas pela convenção realizada em Varsóvia. Afinal, passados 46 anos da promulgação da Convenção de 1929, era necessário estabelecer regras mais justas para um mercado que crescia e se aperfeiçoava constantemente.

Até esse momento histórico, as indenizações aeronáuticas tinham por alusão o ouro, que, na Convenção de Varsóvia, de 1929, era referenciado pelo franco-ouro Poincaré. A partir de 1975, o ouro é substituído pelo Direito Especial de Saque (DES) – em inglês, *Special Drawing Rights* (SDR) –, cujo valor é fixado por um conjunto de moedas e suas variações cambiais. As normas para a conversão do franco-ouro Poincaré estão previstas no Decreto n. 97.505, de 13 de fevereiro de 1989 (Brasil, 1989).

A Convenção de Montreal, de 1999, foi promulgada, no Brasil, por intermédio do Decreto n. 5.910, de 27 de setembro de 2006 (Brasil, 2006b). Suas previsões alteraram a Convenção de Varsóvia, o Protocolo de Haia, a Convenção de Guadalajara, o Protocolo de Guatemala e os Protocolos 1, 2, 3 e 4 de Montreal (Almeida, 2008). Dessa forma, ela foi referenciada como a convenção para a "unificação das regras reativas ao transporte aéreo internacional" (Almeida, 2008), de acordo com a previsão de seu art. 55.

Segundo Chropacz (2020, p. 78), "A Convenção de Montreal de 1999 é dedicada ao transporte internacional de pessoas, bagagens e cargas, efetuado de forma gratuita ou mediante remuneração. Em seu corpo, também se encontram disposições sobre bilhetes de passagem, documentos sobre bagagens e cargas". O art. 21 e seguintes da Convenção de Montreal tratam de indenizações e responsabilidades.

Muito se discutiu, no Brasil, acerca da responsabilidade do transportador em voo internacional. Em 2017, o Supremo Tribunal Federal (STF) proferiu o Recurso Extraordinário n. 636.331/RJ (Brasil, 2017d), colocando fim aos debates relacionados ao conflito decorrente do extravio de bagagens em voos internacionais. O entendimento prevalecente determinou a aplicação da Convenção de Varsóvia em detrimento do Código de Defesa do Consumidor (CDC), no que tange ao pagamento de indenizações por danos materiais. Assim deliberou o STF:

> "Nos termos do art. 178 da Constituição da República, as normas e os tratados internacionais limitadores da responsabilidade das transportadoras aéreas de passageiros, especialmente as Convenções de Varsóvia e Montreal, têm prevalência em relação ao Código de Defesa do Consumidor". 6. Caso concreto. Acórdão que aplicou o Código de Defesa do Consumidor. Indenização superior ao limite previsto no art. 22 da Convenção de Varsóvia, com as modificações efetuadas pelos acordos internacionais posteriores. Decisão recorrida reformada, para reduzir o valor da condenação por danos materiais, limitando-o ao patamar estabelecido na legislação internacional. 7. Recurso a que se dá provimento. (Brasil, 2017c)

O Ministro Gilmar Mendes entendeu que o CDC é normatização dedicada às relações de consumo em geral, as quais podem acontecer de diversas maneiras: desde a prestação de serviços aéreos até a compra de uma televisão. De outra forma, a Convenção de Varsóvia dedica-se tão somente à atividade aérea. Nesse sentido, afirmou que a Convenção de Varsóvia é legislação especial quando comparada ao CDC. Além do critério relativo à especialidade, o Ministro utilizou, igualmente, do critério cronológico.

O CDC foi publicado em 1990, e a Convenção de Varsóvia, em 1929. Contudo, é preciso ter em vista que a Convenção de Varsóvia recebeu diversas atualizações no decorrer do tempo, as quais fizeram que essa legislação se tornasse mais recente, se comparada ao CDC.

Aqui cabe um esclarecimento sobre a importância da segurança jurídica no comércio internacional. O *custo Brasil* é um termo para referenciar as adversidades que afetam o desenvolvimento econômico nacional. Esse custo é formado por questões burocráticas que atrasam os investimentos privados, relativas à falta de infraestrutura, à pesada carga tributária, às legislações pouco efetivas e, por consequência, às decisões judiciais muitas vezes antagônicas sobre o mesmo tema.

Todos esses problemas também acarretam um custo financeiro para as operações industriais, comerciais e, logicamente, para o consumidor final. Assim, o Poder Judiciário tem importante papel na economia nacional, uma vez que, correta a interpretação normativa, gera segurança aos *players* desse setor, já que saberão como serão interpretadas as normas que afetam o setor e o quanto isso será, ou não, fator de risco para a realização dos negócios nacionais e internacionais.

6
Navegação aérea

O desenvolvimento da navegação aérea caminha junto ao desenvolvimento de normativos legais para regulamentar o tema. A existência de regramentos permite que, atualmente, incontáveis aeronaves possam realizar o deslocamento aéreo, transportando pessoas ou bens de modo seguro para o equipamento, para o que é transportado e para todo o sistema aeronáutico. "De acordo com essas premissas, as aeronaves, durante seus voos, devem observar determinadas normas, tendentes a respeitar o funcionamento normal de sua atividade" (Escalada, 1970, p. 521).

O Código Brasileiro de Aeronáutica (CBA), a partir do art. 11, trata do espaço aéreo. O art. 14, que inaugura o capítulo dedicado ao tráfego aéreo, faz referência à observação de "Tratados, Convenções e Atos Internacional de que o Brasil seja parte" (Brasil, 1986). Portanto, o presente tema recebe significativa influência de legislações exteriores, visando sua uniformidade, haja vista que a atividade aérea não é restrita ao território de um país (os chamados *voos domésticos*), mas atinge países bastante longínquos em poucas horas. Em razão disso, é tema pertinente para ser debatido em comércio exterior, visto que envolve o atendimento de compradores em mercados distantes com celeridade.

Nesta obra, ao tratarmos do tráfego aéreo, referimo-nos à circulação aérea, pois há vinculação direta com temas relativos à movimentação e manobras de aeronaves, tanto no espaço aéreo quanto nos aeroportos, visando à realização da decolagem, do deslocamento e do pouso.

Muito do que é debatido em navegação aérea decorre das convenções internacionais. Como apresentado na Seção 5.3, o Brasil é signatário de diversas convenções, cujos reflexos são sentidos pela sua incorporação ao sistema legislativo nacional, bem como pela realização de múltiplas práticas operacionais. Com a finalidade de aprofundar a conexão desse tema com o comércio exterior, citamos informação histórica apontada por Pacheco (1998, p. 61): "Por ocasião da Convenção de Chicago, de 1944, não tendo vingado o esforço desenvolvido pelos grandes transportadores da época para obter ampla liberdade de circulação aérea, elaboraram-se, paralelamente, o 'Acordo sobre o Direito de Trânsito' e o 'Acordo sobre Transportes Aéreos'".

O tema da liberdade da circulação aérea, abordado por Pacheco, apresenta nuances que devem ser destacadas ao leitor: a mobilização de "grandes transportadores" para maior permeabilidade do transporte aéreo, cujo reflexo encontra fundamento nas liberdades do ar.

Para saber mais

Para mais informações sobre liberdade do ar, indicamos a leitura de:

CHROPACZ, F. Capítulo 2. **Introdução ao estudo do direito aeronáutico**. Belo Horizonte: Dialética, 2020. p. 30 e seguintes.

A Empresa Brasileira de Infraestrutura Aeroportuária (Infraero) tem sua criação respaldada na Lei n. 5.862, de 12 de dezembro de 1972 (Brasil, 1972), com a finalidade de "implantar, administrar, operar e explorar industrial e comercialmente a infraestrutura aeroportuária que lhe for atribuída pela Secretaria de Aviação Civil da Presidência da República" (art. 2º). A Infraero destacou-se na gestão aeroportuária de diversos aeroportos nacionais, tornando-os competitivos com a formação de centros de negócios, com a disponibilização de lojas, restaurantes, "agregando hotéis, hangares, centros de convenções e estacionamentos de veículos" (Infraero, 2022).

Além da modernização de diversos aeroportos no Brasil, a Infraero desenvolveu várias operações logísticas próprias e em parceria com o setor privado, buscando o atendimento de demandas nacionais e internacionais.

> **Para saber mais**
>
> Para os operadores do comércio internacional, indica-se a leitura do "Guia Infraero Cargo", que trata da dinâmica operacional nos Terminais de Logística de Carga (Teca), com vistas a complementar as informações apresentadas nesta obra.
>
> INFRAERO. **Guia Infraero Cargo**. 3. ed. set. 2012. Disponível em: <https://www4.infraero.gov.br/media/674358/guia-cargo-3%C2%AA-edicao.pdf>. Acesso em: 28 mar. 2022.

Em 2019, a Lei n. 13.903, de 19 de novembro (Brasil, 2019), criou a empresa Serviços de Navegação Aérea S.A. (NAV Brasil), cuja regulamentação está prevista no Decreto n. 10.589, de 24 de dezembro de 2020 (Brasil, 2020a). A finalidade da NAV Brasil é "implementar, administrar, operar e explorar industrial e comercialmente a infraestrutura aeronáutica destinada à prestação de serviços de navegação aérea que lhe for atribuída pelo Comandante da Aeronáutica" (art. 8º, Brasil, 2020a).

Com a criação da NAV Brasil, os setores e funcionários da Infraero que estavam dedicados ao serviço de telecomunição, torres de controle, estações de rádio e meteorologia serão transferidos para essa nova empresa. Nosso leitor deve ter em mente que, neste momento histórico, diversos aeroportos brasileiros estão sendo privatizados. Portanto, torna-se uma ação razoável a segmentação de serviços para o melhor atendimento do consumidor (tanto pessoas físicas quanto jurídicas).

6.1 Aeronave: conceitos, natureza, documentos e nacionalidade

O direito aeronáutico dedica-se ao estudo das relações nascidas e modificadas pelo uso de aeronaves. Consequentemente, entender o conceito de aeronave permite compreender se determinada situação está regida por esse ramo do direito.

O art. 106 do CBA define:

> Art. 106. CBA – Considera-se aeronave todo aparelho manobrável em voo, que possa sustentar-se e circular no espaço aéreo, mediante reações aerodinâmicas, apto a transportar pessoas ou coisas. (Brasil, 1986)

Aeronave é um equipamento usado, ou que permita ser utilizado, para voar na atmosfera, capaz de transportar pessoas e/ou coisas, conforme especifica o Regulamento Brasileiro da Aviação Civil (RBAC) n. 01. Uma definição não contém elementos supérfluos, mas necessários para a compreensão daquilo que está sendo tratado, assim, a referência de atmosfera diferencia a aeronave de outros equipamentos que estão sujeitos ao direito espacial. As reações aerodinâmicas são criadas pela passagem do ar nas asas (que são fixas nos aviões e rotativas nos helicópteros), criando sustentação para que a aeronave possa sustentar-se e circular no espaço aéreo. Dessa maneira, balões e dirigíveis, que, em um primeiro momento, precisam da diferença de pressão entre o meio interno e externo, não são considerados aeronaves por essa definição. Para complementar, o voo, para Araújo (1998), inicia-se a partir do momento em que as portas externas da aeronave são fechadas e termina quando elas são abertas após a aterrissagem.

> **Para saber mais**
>
> Para mais informações sobre a definição de aeronaves, indicamos a leitura de:
>
> CHROPACZ, F. **Introdução ao estudo do direito aeronáutico**. Belo Horizonte: Dialética, 2020. p. 39 e seguintes.

O parágrafo único do art. 106 do CBA estabelece:

> Parágrafo único. A aeronave é bem móvel registrável para o efeito de nacionalidade, matrícula, aeronavegabilidade (artigos 72, I, 109 e 114), transferência por ato entre vivos (artigos 72, II e 115, IV), constituição de hipoteca (artigos 72, II e 138), publicidade (artigos 72, III e 117) e cadastramento geral (artigo 72, V). (Brasil, 1986)

As aeronaves são bens móveis porque conseguem ir de um local para outro sem perder sua natureza (art. 82 do Código

Civil). Orlando Gomes (1999b, p. 220) explica que *bem móvel* é aquele que, "sem alteração da substância, podem ser removidos, por movimento próprio, ou por força estranha". O desgaste de peças é natural, portanto, lógica é sua substituição, entretanto, isso não altera a natureza do equipamento.

Aquilo que é tido como bem, para o direito, pode ser comercializado, locado ou dado em garantia de um empréstimo tomado. Sendo a aeronave um bem (coisa) de grande valor comercial, seu registro permite o ingresso no mundo jurídico, conferindo ao proprietário ou operador direitos decorrentes dessa inscrição. Citamos, por exemplo, o direito de uma companhia aérea, proprietária e/ou exploradora, de utilizar esse equipamento em linha aérea.

Com relação às aeronaves, a inscrição no Registro Aeronáutico Brasileiro (RAB), além de conferir nacionalidade, matrícula, aeronavegabilidade, publicidade e cadastramento, permite que a aeronave seja legalmente comercializada e ocorra a produção de efeitos conforme a previsão jurídica:

> A observação das diferentes legislações positivas mostra como, em todos os casos, se outorga tratamento distinto às aeronaves nacionais e estrangeiras, realidade jurídica que põe em relevo a importância da nacionalidade como elemento determinante de regimes legais diferentes.
> Isto se concretiza nas duas circunstâncias em que pode operar uma aeronave, dentro ou fora das fronteiras de seu país: em ambos os casos a nacionalidade é importante, já que, por uma parte, lhe assegura a liberdade de circulação dentro do território e, por outra, é condição necessária

para poder voar sobre solo estrangeiro. (Escalada, 1970, p. 73, tradução nossa)

O ensinamento de Escalada (1970) indica a importância da nacionalidade de uma aeronave, uma vez que a vinculação a um Estado associa uma gama normativa àquela aeronave. Registrada em determinado Estado, a aeronave estará vinculada àquela nacionalidade (art. 108, CBA), assim, uma aeronave é brasileira quando está registrada no RAB. Dessa forma, "A matrícula, pois, é o registro da aeronave em um país determinado, com as especificações da mesma, indicações de seu proprietário e demais características" (Oliveira; Pontes, 2010, p. 9).

A matrícula de uma aeronave é realizada com informações de seu proprietário, operador, fabricante e dados de fabricação, características da aeronave, validade dos certificados de aeronavegabilidade e do relatório de condição de aeronavegabilidade. Todos esses elementos a individualizam e a vinculam juridicamente a um Estado (Chropacz, 2020).

Também cabe ao RAB o registro de contratos, hipotecas e outros instrumentos incidentes sobre as aeronaves, de acordo com o CBA:

> Art. 72. O Registro Aeronáutico Brasileiro será público, único e centralizado, destinando-se a ter, em relação à aeronave, as funções de:
> I – emitir certificados de matrícula, de aeronavegabilidade e de nacionalidade de aeronaves sujeitas à legislação brasileira;

II – reconhecer a aquisição do domínio na transferência por ato entre vivos e dos direitos reais de gozo e garantia, quando se tratar de matéria regulada por este Código;

III – assegura a autenticidade, inalterabilidade e conservação de documentos inscritos e arquivados;

IV – promover o cadastramento geral. (Brasil, 1986)

Cabe à Agência Nacional de Aviação Civil (Anac) o gerenciamento do RAB. O RAB é público porque é obrigatório dar conhecimento a respeito dos documentos que lhe foram levados para registro (Pontes, 2000), permitindo que os interessados possam consultar informações mediante o recebimento de certidões. A unicidade decorre da existência de registro único para as aeronaves de um país, proibido o registro em outro Estado sem que se tenha feito a baixa do cadastro anterior. A centralização garante a facilitação das consultas, conferindo natureza registral aos documentos lá arquivados (art. 74, CBA). Os procedimentos para registro de aeronaves encontram-se no CBA, arts. 77 a 85.

As aeronaves são identificadas por marcas de nacionalidade e matrícula, formadas pela combinação de letras (art. 109, CBA). Essa identificação permite conhecer outros elementos distintivos, como proprietário, operador, fabricante, ano de fabricação, modelo, número de série, dentre outros dados. Um dos elementos mais relevantes é o *status* da operação, e a atenção a esse item indica se aquela aeronave pode ou não realizar táxi aéreo, pois, infelizmente, é comum no Brasil a prática de táxi aéreo clandestino, também chamado de Transporte Aéreo Clandestino de Passageiro (Taca), que é uma infração ao CBA e pode configurar crime descrito no art. 261 do Código Penal. A Anac disponibiliza para consulta, em seu sítio eletrônico (RAB *online*), informações sobre as aeronaves de nacionalidade brasileira.

É obrigatório que a aeronave ostente "sinais distintivos de sua nacionalidade e matrícula, os quais devem ser identificados inclusive durante o voo. Cabe ressaltar que os termos 'placa' ou 'prefixo' da aeronave não são utilizados academicamente" (Chropacz, 2020, p. 49).

6.2 *Exploração da aeronave, armador, tripulação, obrigações do comandante*

A exploração da aeronave está prevista no art. 122 do CBA. A exploração permite a uma pessoa física (PF) ou jurídica (PJ) que, sendo "proprietária ou não da aeronave, a utiliza, legitimamente, por conta própria, com ou sem fins lucrativos" (Brasil, 1986). Isso significa que a PF ou PJ a fruir desse equipamento:

> Os fins podem ser lucrativos ou não. A lucratividade, embora necessária na exploração comercial, não o é na exploração civil ou não comercial. O aproveitamento implica tirar proveito, vantagem de aeronave, valer-se dela para determinados fins, utilizá-la em atividades aéreas públicas ou privadas. A legitimidade significa que a utilização da aeronave seja conforme a lei e não proibida por ela, de modo que não se considera exploração o uso de aeronave pelo que tenha se apoderado ilicitamente.

Por conta própria significa que o aproveitamento ou utilização se faz com controle sobre a tripulação e com a condução técnica da aeronave. (Pacheco, 1998, p. 211)

Em direito aeronáutico, o termo *armador* não é comumente utilizado, sendo mais habitual a expressão *explorador* ou *operador*. Corroboramos essa afirmação destacando que a busca do RAB indicará diversos dados relativos a uma aeronave, entre eles: proprietário, operador e fabricante. A busca do RAB pode ser feita eletronicamente no *site* da Anac (consulta RAB *on-line*) indicando a matrícula da aeronave, que, na verdade, é composta por marca de nacionalidade e matrícula.

De acordo com o art. 123 do CBA, o operador poderá ser a PJ concessionária de serviço de transporte público regular ou não regular, serviços especializados ou táxi aéreo, o proprietário da aeronave, o fretador ou o arrendatário.

Bastante relevante para o direito é a previsão do art. 124 do CBA, pois, quando corretamente indicado o nome do operador, por intermédio de contrato, exclui-se a responsabilidade do proprietário da aeronave em relação à sua exploração. A exclusão da responsabilidade tem efeitos, por exemplo, em caso de acidentes e incidentes aeronáuticos para pagamentos de indenização (art. 268 CBA), bem como na aplicação de infrações (art. 299 e ss CBA).

O art. 156 do CBA define *tripulantes* como "as pessoas devidamente habilitadas que exercem função a bordo de aeronaves". Quando se trata de *habilitação*, o termo remete ao certificado de capacidade física ou de saúde para a função, certificado de abilitação técnica e licença de voo para cada função realizada a bordo (arts. 159 e 160 do CBA).

O Certificado de Capacidade Física (CCF) foi substituído pelo Certificado Médico Aeronáutico (CMA) e é emitido pela Anac. O CMA é categorizado em classes, de acordo com a atividade a ser realizada a bordo: os CMAs de 1ª classe são destinados a piloto de linha aérea (comandante e primeiro oficial), piloto comercial (aviação não regular) e piloto privado com habilitação *Instrument Flight Rules* (IFR); os CMAs de 2ª classe destinam-se a piloto privado, comissário de voo, operador de equipamentos especiais e mecânico de voo.

O Certificado de Habilitação Técnica (CHT) é igualmente emitido pela Anac e tem a finalidade de comprovar habilitação para as categorias profissionais. O RBAC n. 61 trata das licenças, das habilitações e dos certificados para pilotos, ao passo que o RBAC n. 63 se reporta a licenças e habilitações para mecânicos de voo e comissários de voo. Enquanto o CMA e o CHT precisam ser revalidados, pois são temporários, a licença tem caráter permanente. No entanto, se o CMA e o CHT estiverem vencidos, o licenciado não pode exercer atividade a bordo de aeronave sem antes revalidá-los (art. 160, § único, CBA).

A Lei n. 13.475, de 28 de agosto de 2017 (Brasil, 2017a), é conhecida como Lei do Aeronauta, por tratar do exercício da profissão dos tripulantes de uma aeronave, quais sejam, piloto de aeronave, comissário de voo e mecânico de voo (art. 1º). Não será considerado tripulante o mecânico que não exerça atividade a bordo de aeronave. Aeronauta e aeroviários são categorias profissionais diversas; segundo dispõe o Decreto n. 1.232, de 22 de junho de 1962:

Art 1º É aeroviário o trabalhador que, não sendo aeronauta, exerce função remunerada nos serviços terrestres de Empresa de Transportes Aéreos.

Parágrafo único. É também considerado aeroviário o titular de licença e respectivo certificado válido de habilitação técnica expedidas pela Diretoria de Aeronáutica Civil para prestação de serviços em terra, que exerça função efetivamente remunerada em aeroclubes, escolas de aviação civil, bem como o titular ou não, de licença e certificado, que preste serviço de natureza permanente na conservação, manutenção e despacho de aeronaves.

Art 2º O aeroviário só poderá exercer função, para a qual se exigir licença e certificado de habilitação técnica expedidos pela Diretoria de Aeronáutica Civil e outros órgãos competentes, quando estiver devidamente habilitado.
(Brasil, 1962)

Cumpre esclarecer que o citado decreto de 1962 faz referência à Diretoria de Aeronáutica Civil (DAC), que foi substituída, em 2006, pela Anac. Portanto, ao fazer a leitura desses artigos, devemos ter em mente essa alteração administrativa.

Retornando à tripulação, em serviço aéreo público, esta deverá ser composta por brasileiros natos ou naturalizados (art. 6º da Lei 13.475/2017 e art. 156, § 1º, CBA). O art. 12, inciso I, da CF/1988 estabelece quem é o brasileiro nato, e o inciso II do mesmo artigo define o brasileiro naturalizado. Recordemos que a atividade de navegação aérea (art. 21, XII, "c", CF/1988) é de competência da União, sendo assim, quando ocorre autorização, permissão ou concessão para que uma Pessoa Jurídica de Direito Privado (PJDP) a realize (art. 37, § 6º,

CF), essa será uma atividade pública. Ao realizar atividade pública (art. 175 CBA), a PJDP estará a serviço do Brasil (Lenza, 2012, p. 2.012) e da tripulação "vinculada à aeronáutica civil" (Pacheco, 1998, p. 244), alcançando também a proteção desse mercado aos profissionais brasileiros.

Ainda referindo-se ao tripulante, há os que são tidos por tripulantes de voo, e outros, de cabine, conforme prevê o art. 9º da Lei n. 13.475/2017. Os tripulantes de voo são o comandante, copiloto e mecânico de voo (art. 7º), os de cabine são os comissários de voo (art. 8º). A tripulação pode ser mínima, simples, composta ou de revezamento (art. 13 a 18), e essa classificação leva em consideração os limites de pouso e de jornada, as horas de voo dos tripulantes, bem como a certificação de tipo da aeronave acrescido do necessário para realização do voo.

O art. 19 da Lei do Aeronauta faz referência ao Sistema de Gerenciamento de Risco de Fadiga Humana (SGRF), cuja relevância está em contribuir para a segurança operacional da atividade aérea. Para a regulamentação do tema, a Anac publicou o RBAC n. 117, em 2019, estabelecendo orientações para a jornada de trabalho da tripulação.

O direito aeronáutico buscou vários de seus fundamentos no direito marítimo. No meio aeronáutico, é bastante comum a informação de que os uniformes das tripulações aéreas foram inspirados nos oficiais da marinha, haja vista que os primeiros aviadores eram tidos por pessoas destemidas em equipamentos poucos seguros. Assim, para que se passasse mais confiança aos passageiros, com a popularização da aviação comercial, instituiu-se o uso de uniformes para a identificação da tripulação e da companhia aérea. A utilização do diário de bordo e o assento de nascimentos e óbitos em voo (art. 173, CBA) remetem às longas viagens realizadas em navios, cuja responsabilidade por esses atos caberia ao comandante.

O comandante da aeronave, ou piloto em comando, é membro da tripulação e considerado preposto do proprietário ou explorador da aeronave (art. 165, CBA) por estar na posição hierárquica mais alta em relação aos demais tripulantes, bem como por caber a esse profissional a tomada de diversas decisões, tais como manutenção da disciplina a bordo, operação segura da aeronave e cumprimento da Lei do Aeronauta (art. 166, CBA). Nesse sentido, "O Comandante poderá delegar a outro membro da tripulação as atribuições que lhe competem, menos as que se relacionem com a segurança do voo" (art. 170, CBA, Brasil, 1986).

Na Seção 5.1 desta obra, fizemos referência à Convenção de Tóquio, de 1963, que outorga ao comandante, no art. 5º da Decreto-Lei n. 479/1969, poderes para resguardar a segurança dos passageiros, tripulação, bens embarcados e da própria aeronave, assim como para manter a disciplina e ordem a bordo (art. 6º), cujo intento é evitar o cometimento de crime de apoderamento ilícito de aeronaves. Essa convenção atribuiu ao Estado de matrícula da aeronave a punição sobre infrações praticadas a bordo (art. 3º). As medidas coercitivas impostas pelo comandante da aeronave terminam quando esse faz a entrega do passageiro indisciplinado e/ou do criminoso (art. 9º) às autoridades, em terra, do Estado de pouso (art. 7º).

6.3 Utilização da aeronave, contratos, frete, responsabilidades

A utilização de uma aeronave está vinculada com a atividade ou serviço que ela realiza. Conforme o art. 174 do CBA, os serviços desempenhados por uma aeronave podem ser privados ou públicos. Os serviços aéreos privados (art. 177, CBA) são aqueles realizados em proveito do proprietário da aeronave ou para atividades esportivas e recreativas. Os serviços aéreos públicos (art. 180, CBA) são regulamentados e fiscalizados pelo Poder Público, devendo, inclusive, observar a precisão do art. 37, parágrafo 6º, da CF/1988, ou seja, estão sujeitos à responsabilização objetiva (conferir Seção 6.4). Os serviços aéreos públicos incluem "os serviços aéreos especializados públicos e os serviços de transporte aéreo público de passageiro, carga ou mala postal, regular ou não regular, doméstico ou internacional" (art. 175, CBA, Brasil, 1986).

Os serviços especializados públicos estão descritos no art. 201 do CBA. Ao olhar o rol de atividades, devemos ter em mente que esses serviços, embora vinculados ao termo público, são serviços pelos quais se remunera o operador. Por exemplo, citamos a utilização de aeronave para lançamento de defensivo agrícola em uma lavoura, e o proprietário da plantação pagará por esse serviço. No entanto, ele é tido por público, porque essa atividade (utilização de defensivo agrícola) é regulamentada e fiscalizada pelo Poder Público.

Em se tratando de contratos aeronáuticos, há contratos incidentes sobre as aeronaves, em que a aeronave é o objeto contratual, e contratos de utilização de aeronaves nos quais a aeronave é equipamento necessário para a realização do objeto contratual. Os contratos mais comuns incidentes sobre as aeronaves são venda e compra (comumente chamado de compra e venda), arrendamento, arrendamento mercantil, hipoteca (conferir Seção 6.6) e alienação fiduciária em garantia.

Os contratos de utilização de aeronaves referem-se ao gênero de contratos vinculados ao transporte, ou seja, o serviço de transportar pessoas ou bens de um local para outro em segurança. Assim, iniciamos nosso estudo com o contrato de transporte aéreo: "Trata-se de um contrato de adesão, que se caracteriza pelo fato de o passageiro ou o expedidor ter de anuir, em sua totalidade, as cláusulas estabelecidas pelo transportador" (Araújo, 1998, p. 69).

As companhias aéreas realizam seus contratos na forma de adesão para facilitar a realização do transporte aéreo, já que ele é realizado de maneira similar para todos os passageiros. O bilhete de passagem é a materialização da contratação. Atualmente, a versão mais comum é a eletrônica, mas pode ser apresentada em meio físico. Existindo bagagens despachadas, informa-se a quantidade e o peso para garantia de entrega ou fixação de indenização em caso de perda, dano ou extravio.

O passageiro obriga-se a efetuar o pagamento do preço do bilhete de transporte aéreo, cumprindo todas as determinações acordadas, assim como a se apresentar em horário e local determinado. Recordamos que as instruções da tripulação visam garantir a segurança de todos os passageiros e demais tripulantes.

Como apresentado nas linhas anteriores, o contrato de transporte aéreo é um contrato de adesão, haja vista a uniformidade de serviços prestados aos passageiros. De outra forma, é possível atender às necessidades específicas do contratante utilizando-se o contrato de fretamento.

O serviço de transporte de passageiro decorre de uma relação contratual entre transportador e passageiro, a saber, o contrato de transporte de passageiro estipulado pelo art. 227 e seguintes do CBA. O transportador recebe concessão do Poder Público para realizar aquela atividade, cuja remuneração se efetiva pelo pagamento do serviço ao passageiro. O serviço público pode ser regular (art. 193, 203 e seguintes, CBA) e não regular (art. 217, CBA). O serviço público regular é materializado pelas linhas aéreas, podendo ser nacional ou internacional. O passageiro busca a companhia aérea que melhor o atenderá em horário, valor e destino. Os serviços públicos não regulares ocorrem conforme a demanda do interessado. Para exemplificar: posso ir de Curitiba a São Paulo utilizando um voo ofertado pelas empresas Azul, Gol ou TAM, devendo observar os horários de partida, bem como em qual aeroporto ocorrerão a decolagem e o pouso (transporte regular), ou posso contratar os serviços de um táxi aéreo que decolará no horário e aeródromo ou aeroporto mais conveniente para mim.

O contrato de transporte de carga, muito relevante para o comércio exterior, está previsto a partir do art. 235 do CBA. O termo *conhecimento*, apresentado nesse artigo, refere-se ao conhecimento de transporte aéreo de carga (*Air Why Bill* ou AWB), que, em direito marítimo – para transporte marítimo de carga –, pode ser chamado de *Bill of Landing*, BL ou B/L.

A regulamentação do AWB foi prevista no art. 5º e seguintes da Convenção de Varsóvia de 1929. O CBA, sob inspiração daquela convenção, apresenta elementos que devem ser preenchidos para a formação do AWB, cuja existência comprova a celebração do contrato de transporte de carga entre as partes, sendo indispensável para o desembaraço aduaneiro. Esse documento será emitido pela companhia aérea ou por agente de cargas.

O fretamento, abordado a partir do art. 133 do CBA, é o "atendimento personalizado ao passageiro, que não haverá de se submeter a horários de partida, percursos ou escalas indesejadas, filas para embarcar e desembarcar em aeroportos, e outras inconveniências" (Alvarenga, 1992, p. 61). Essa descrição remete à atividade realizada por empresas de táxi aéreo. Por sua vez, Escalada (1973, p. 356, tradução nossa) ensina que "o fretamento pode celebrar-se para fins muito diversos do transporte, como podem ser quaisquer das especialidades do trabalho aéreo: fumigação, luta contra pragas agrícolas, aerofotografia, pesquisas topográficas etc."

O fretamento é contrato bilateral, com obrigações para ambas as partes; oneroso, em razão da contraprestação pela utilização da aeronave, e consensual, pois as partes consentem com o teor do contrato (Segura, 2012). O art. 134 (CBA) permite a celebração do contrato de fretamento por instrumento (contrato) público ou particular. Esse contrato pode ser levado ao RAB para registro (arts. 123 e 124, CBA), visando apontar os responsáveis pela operação da aeronave.

No contrato de venda e compra, uma das partes transfere a propriedade da coisa para a outra parte mediante uma contraprestação em dinheiro. As aeronaves, que são bens móveis por natureza (art. 106, § único, CBA), são objetos de contratos de venda e compra, haja vista que podem ser negociadas entre as partes. A negociação pode ter por objeto aeronaves novas ou usadas. O CBA não apresenta o contrato de venda e compra explicitamente, mas sua realização decorre da leitura de diversos artigos dessa legislação.

O contrato de compra e venda é bilateral, com pelo menos duas partes: uma vendedora e outra compradora. Por haver entrega do bem em troca do recebimento do valor financeiro acordado, diz-se que é um contrato oneroso. O pagamento poderá ser efetuado em uma única vez ou de maneira parcelada.

O acordo entre as partes é formalizado em contrato, e quando ocorre a transferência do bem de um sujeito para outro há a alteração de domínio, que deve ser levada para registro no RAB (art. 72 e 115, CBA). O contrato de compra e venda é documento que pode provar a transferência de propriedade (art. 110, CBA) ou permitir a matrícula provisória (art. 111, CBA) quando ocorrer a venda com reserva de domínio, que é a modalidade de venda na qual a propriedade somente passa para o nome do comprador quando este efetua o pagamento de todo o preço junto ao vendedor.

Após essas breves considerações sobre o contrato de venda e compra de aeronaves, abordaremos o processo de importação desse equipamento, uma vez que vendedor e comprador podem estar localizados em países diferentes. O importador deve fazer a eleição do modelo de importação que melhor atenda às suas necessidades, levando em consideração se a aeronave é nova ou usada, se é importada para consumo (fará parte do processo produtivo) ou se será agregada ao patrimônio do importador.

A importação de aeronave não se realiza somente para o processo de compra, outros contratos incidentes sobre a aeronave exigirão que o equipamento ingresse no território nacional para sua formalização, haja vista ser necessário proceder a matrícula da aeronave no RAB:

> Outra opção contratual bastante utilizada nas importações de aeronaves são os contratos de arrendamento financeiro, com opção de aquisição do bem ao final, ou e arrendamento operacional, sem a opção de compra ao seu término. Há, ainda, a possibilidade das importações via locação internacional ou comodato. A forma jurídica através da qual se relacionam exportador e importador implicará efeitos distintivos do ponto de vista do tratamento administrativo aduaneiro. Assim como em relação à tributação aduaneira. No caso da importação através das modalidades de contrato arrendamento operacional, locação internacional e comodato, o importador terá a possibilidade de ser beneficiário de um Regime Aduaneiro Especial denominado admissão temporária para utilização econômica. (Leonardo, 2018, p. 848)

Ressaltamos a necessidade de vincular o estudo do direito aeronáutico e marítimo às lições aduaneiras e tributárias, haja vista o processo de importação exigir sucessivas decisões para maior agilidade do processo e menores custos tarifários e tributários ao importador.

A construção de aeronave está prevista nos arts. 125 e 126 do CBA e, ao lermos o art. 115, I, do mesmo código, verificamos que a construção é uma aquisição de propriedade, a qual permite que o proprietário registre a construção da aeronave no RAB. O registro da construção viabiliza que aquele que encomendou a construção possa garantir seu direito de proprietário contra outras pessoas (art. 126, CBA), podendo vender o bem mesmo que este ainda esteja em construção, e, inclusive, obter financiamentos para concluir a encomenda, uma vez que o próprio equipamento pode ser dado em garantia de pagamento (art. 138, CBA).

Pode parecer singular ao leitor o registro da construção de uma aeronave (bem móvel), quando isso não ocorre com um veículo, por exemplo. No entanto, devemos ponderar que a aeronave tem grande valor patrimonial e sua construção não é um processo rápido. Portanto, garantir a proteção jurídica da construção de uma aeronave, por intermédio do registro no RAB, protege o fabricante e aquele que procedeu a encomenda de questionamentos quanto ao domínio do bem, facilitando a obtenção de recursos para a conclusão do projeto (Escalada, 1973).

A construção de uma aeronave pode decorrer, inclusive, de um contrato de *leasing* anteriormente realizado. Como se trata de um equipamento de grande valor comercial, pode ocorrer que uma fabricante de aeronaves celebre um contrato de venda e compra com determinada empresa que efetua a realização do *leasing* com terceira empresa de transporte aéreo, a qual, não sendo proprietária do bem, será sua operadora. Mais detalhes sobre o contrato de *leasing* serão vistos na sequência.

Justifica-se o acompanhamento da construção de uma aeronave (art. 125, CBA) pelos órgãos regulamentadores em razão dos riscos que a inadequação, em relação à certificação de aeronavegabilidade, pode acarretar à sociedade (Escalada, 1973), visto a possibilidade de danos a terceiros em superfície. Assim, essa conjuntura interessa ao direito.

O arrendamento de aeronaves, previsto no art. 127 do CBA, ocorre quando o proprietário dela (arrendador) a cede para que outrem (arrendatário) a utilize mediante remuneração. Esse contrato tem algumas características: bilateralidade, onerosidade, consensualidade e forma escrita (Escalada, 1969; Segura, 2012). Trata-se de um contrato por tempo determinado.

Entendemos que o termo *arrendamento* é utilizado para se referir à locação de aeronaves. Araújo (1998) e Alvarenga (1992) defendem que há diferença entre arrendamento e locação, pois o primeiro é usado para se referenciar ao aluguel de bens imóveis, e o segundo, ao aluguel de bens móveis. Logo, o termo *arrendamento*, no meio aeronáutico, não seria correto, porque a aeronave é um bem móvel. Com o maior respeito à posição desses estudiosos, cujas doutrinas formaram excelentes profissionais no campo do direito aeronáutico, ousamos tratar os termos como sinônimos, tendo em vista a semelhança entre esses dois institutos. No entanto, cabe fazer essa ressalva ao nosso leitor para que, com sua evolução acadêmica, possa contribuir para o desenvolvimento da matéria com estudos envolvendo esse tema.

Voltando ao art. 127 do CBA, percebemos que a legislação não alude à *tripulação*, permitindo concluir que, na locação, não é exigido que a aeronave seja acompanhada de pessoa qualificada para sua operação. O termo *fretamento atípico* foi apresentado por Alvarenga (1992) para indicar que o locatário vai realizar a operação técnica da aeronave locada.

O instituto do arrendamento não é similar ao arrendamento mercantil, comumente denominado *leasing*. Esse contrato é bastante relevante para o direito aeronáutico, pois permite a utilização de aeronaves modernas e, portanto, mais seguras e econômicas, fomentando a competitividade no setor aéreo e garantindo facilidade em sua manutenção e no treinamento de tripulação (Farah, 2007).

O arrendamento mercantil pode ocorrer com ou sem cessão de tripulação. Na primeira situação, ocorrerá o *wet lease*, em que o controle operacional cabe à arrendadora, não ao arrendatário. De outra volta, o *dry lease* é o arrendamento da aeronave sem tripulação, a qual será fornecida pelo arrendatário, "nesse tipo de contrato de arrendamento, o 'controle comercial' e o 'controle operacional' da aeronave pertencem exclusivamente ao arrendatário" (Segura, 2012, p. 155, tradução nossa). Oliveira e Pontes (2010, p. 14) tecem as seguintes considerações:

> Quanto ao tipo de serviço, o arrendamento pode ser um *Wet-Lease*, na qual o arrendador não só arrenda o aparelho, como também assume a responsabilidade de fornecer a tripulação completa da respectiva aeronave durante o prazo de arrendamento, também conhecido como fretamento, e o *Dry-Lease*, onde o arrendatário recebe apenas o aparelho, ficando sob sua responsabilidade a contratação de tripulantes da respectiva aeronave, também conhecido como arrendamento operacional e locação.

Os autores tratam como sinônimos os termos *arrendamento operacional* e *locação*. No entanto, cumpre indicar que, no contrato de locação, conforme a definição apresentada pelo Código Civil (cc) (art. 565), o locador se obriga a ceder à locatária, por prazo "determinado ou não, o uso e gozo de coisa não fungível, mediante certa retribuição"

(Brasil, 2002a). A locação não permite que, ao final do contrato, o bem possa ser adquirido mediante o pagamento de valor residual, elemento necessário para a identificação do arrendamento mercantil.

O arrendamento mercantil operacional originou-se como opção de compra de aeronaves usadas, e as retribuições mensais financeiras, pelo uso do equipamento, estabeleciam-se conforme as condições do mercado. Esses contratos tinham prazo de duração menor quando comparados aos contratos de arrendamento mercantil financeiro, cuja compra do bem é realizada por instituição financeira (arrendadora) conforme as especificações técnicas fornecidas pelo arrendatário. Nesse modelo contratual, as parcelas relativas às retribuições financeiras mensais eram fixadas levando-se em conta o retorno do capital investido e a depreciação do bem (Farah, 2007).

Ora, mas porque alguém dedicado ao comércio exterior precisa conhecer tantos contratos aeronáuticos? Farah (2007, p. 39) ensina: "O contrato de *leasing* de aeronave, embora possa ser assinado e executado (cumprido) no território brasileiro, envolve, normalmente, pessoas jurídicas de direito internacional privado ou, até mesmo em determinadas circunstâncias, de direito público".

> **Para saber mais**
>
> Em sua obra sobre *leasing* de aeronaves, Farah aborda lições iniciais de direito internacional, passando sucintamente por elementos contratuais, e agrega esses ensinamentos aos temas referentes à impostação de bens, questões válidas para que o profissional da área possa contribuir para

a realização desse tipo contratual bastante utilizado na aviação civil nacional.

FARAH, E. T. **Leasing de aeronaves civis no direito brasileiro**: aspectos jurídicos relevantes. Rio de Janeiro: Renovar, 2007.

Quanto à alienação fiduciária em garantia, esta poderá ser realizada em toda a aeronave, suas partes, seus motores e seus acessórios – tal como a hipoteca, que veremos na Seção 6.6. O art. 148 do CBA assim estabelece:

> Art. 148. A alienação fiduciária em garantia transfere ao credor o domínio resolúvel e a posse indireta da aeronave ou de seus equipamentos, independentemente da respectiva tradição, tornando-se o devedor o possuidor direto e depositário com todas as responsabilidades e encargos que lhe incumbem de acordo com a lei civil e penal. (Brasil, 1986)

Desse modo, na alienação fiduciária em garantia, há transferência da propriedade do bem para a instituição que está promovendo o empréstimo financeiro (credor fiduciário), restando ao devedor fiduciário o direito de usufruir do bem. O credor fiduciário tem a posse indireta do bem, e o devedor fiduciário, a posse direta do bem, podendo usá-lo conforme as cláusulas contratuais estabelecidas.

A alienação fiduciária em garantia pode recair sobre a aeronave já construída em sua integralidade, seus motores (art. 149, *caput*, CBA) ou sobre a aeronave em construção (art. 149, § 1º, CBA), logo, sustentamos que a alienação fiduciária em garantia pode recair sobre partes e acessórios da aeronave. A alienação fiduciária em garantia precisa ser registrada no RAB (art. 150, CBA), como exigência prevista no art. 74, inciso II, alínea "a", do CBA.

A responsabilidade, em direito, trata da necessidade de restaurar ou indenizar o patrimônio de outrem afetado em decorrência de um dano. O ato ilícito ocorre quando alguém viola a norma agindo ou deixando de agir de modo a lesionar o direito de outra pessoa, causando-lhe prejuízo. A violação deve ser intencional ou decorrer da imprudência, negligência ou imperícia do causador. Assim, "O ato ilícito é fonte de obrigações, porque, no Direito moderno, a lei impõe a quem pratica o dever de reparar o dano resultante" (Gomes, 1999c, p. 254).

A imprudência é um comportamento sem o cuidado devido; a negligência caracteriza-se pela omissão quando se esperava o agir; a imperícia decorre da realização de um ato sem habilitação para tanto. A reparação do ato ilícito ocorre quando o bem que foi deteriorado pode ser reparado e devolvido ao credor, ou com a indenização, que é o pagamento de determinada quantia em dinheiro (Gomes, 1999c) correspondente ao bem atingido.

A responsabilização no direito brasileiro ocorre nos âmbitos administrativo, civil e criminal. A Administração Pública tem a autoridade para condicionar o exercício de atividades e direitos objetivando a proteção do interesse público. Essa autoridade pública é chamada de *poder de polícia*. O CBA, a partir do art. 288, trata de infrações e providências administrativas que são aplicadas para proteger o interesse público, que, em atividade aérea, são sobre "a segurança do voo, o desenvolvimento ordenado e seguro do transporte aéreo e das demais atividades aeronáuticas" (Pacheco, 1998,

p. 491). A atividade fiscalizatória em aviação civil é realizada pela Anac.

O CC trata da responsabilidade civil no art. 186, o qual é chamado pela doutrina de *dever genérico de cuidado*, que todo ser humano deve ter. O ilícito civil ocorre quando se comete ato ilícito que viola direito de alguém causando-lhe prejuízo, bem como aquele que contraria disposição de norma jurídica, mesmo que esse comportamento não cause qualquer prejuízo a outrem (Cavalcanti, 2002).

A responsabilização civil pode ser classificada como subjetiva ou objetiva. Na responsabilidade subjetiva, é necessário provar a culpa do agente causador. A culpa ocorre quando o agente causador falha no dever de cuidado exigido pela vida em sociedade. Nesse caso, a vítima deve provar que o ofensor procedeu de maneira contrária ao ordenamento jurídico (Pereira, 2000), provando a conduta ativa ou omissa culposa, a ocorrência do dano e o nexo de causalidade ligando a conduta ao dano. Nexo de causalidade, conexão causal ou nexo causal é a "relação de causa e efeito entre o ato (fato) e o dano" (Gomes, 1999c, p. 273).

No entanto, muitas vezes, não é tarefa fácil, para a vítima, provar a culpa do agente causador do dano diante de assimetrias de condições técnicas e/ou econômicas existentes entre eles. Com a finalidade de se aproximar do ideal de justiça, é possível afastar a necessidade de provar a culpa em algumas situações previstas em lei, exigindo-se somente comprovação de que determinada situação causou prejuízo. Essa espécie de responsabilidade civil é chamada de *objetiva*:

Para dizer como Carbonnier, a responsabilidade objetiva "não importa em nenhum julgamento de valor sobre os atos do responsável. Basta que o dano se relacione materialmente com estes atos, porque aquele que exerce uma atividade deve-lhe assumir os riscos" 25. (Pereira, 2000, p. 41)

Não podemos tratar de direito aeronáutico sem estudar a responsabilidade objetiva apresentada pela CF/1988, em seu art. 37, parágrafo 6º:

> As pessoas jurídicas de direito público e as de direito privado prestadoras de serviços públicos responderão pelos danos que seus agentes, nessa qualidade, causarem a terceiros, assegurado o direito de regresso contra o responsável nos casos de dolo ou culpa. (Brasil, 1988a)

São pessoas jurídicas de direito público: União, Estados, Distrito Federal, municípios, autarquias, associações públicas e qualquer outra entidade de caráter público criadas por lei (art. 41, CC). As pessoas jurídicas de direito privado são as associações, as sociedades, as fundações, as organizações religiosas, os partidos políticos e as empresas individuais de responsabilidade limitada (art. 44, CC).

A previsão constitucional do art. 37, parágrafo 6º, primeira parte, determina que as pessoas jurídicas prestadores de serviço público respondam pelos danos causados a terceiros, configurando a responsabilidade objetiva. No entanto, para o direito de regresso, deve o transportador comprovar dolo ou culpa de seu empregado. O transporte doméstico deve observar essa previsão da constituição e a previsão do art. 256 do

CBA. O transportador internacional observará a Convenção de Varsóvia, conforme apresentado na Seção 5.5 desta obra.

A partir do art. 246 do CBA, é tratada a responsabilidade civil contratual e extracontratual. As relações contratuais abarcam os danos sofridos por passageiros, suas bagagens e cargas vinculadas à existência de um contrato de transporte. Na responsabilidade extracontratual, não há contrato entre a vítima e o prestador do serviço aéreo, no entanto, é atingida em razão da realização dessa relação contratual entre transportador e transportado (art. 268, CBA).

Sobre a responsabilidade civil, mencionamos a Resolução n. 400/2016 da Anac (Anac, 2016b), a qual trata das condições gerais de transporte aéreo doméstico e internacional, e visa facilitar a relação entre passageiros e transportadores, agilizando a solução de divergências, tendo por inspiração a prática internacional.

Para finalizar o tema, cabe apontar a responsabilidade penal (Chropacz, 2020), cuja seara de proteção abarca os bens jurídicos mais valiosos para a sociedade, apenando-se o indivíduo conforme a gravidade do mal por ele causado.

O Decreto n. 7.168, de 5 de maio de 2010 (Brasil, 2010a), trata do Programa Nacional de Segurança da Aviação Civil Contra Atos de Interferência Ilícita (PNAVSEC), visto que o Brasil é signatário da Convenção de Chicago de 1944, e seu Anexo 17, da Convenção de Tóquio de 1963, da Convenção de Haia de 1970 e das Convenções de Montreal de 1971 e 1999, as quais estabelecem regras para combater a interferência ilícita.

6.4 Acidentes aeronáuticos

Muitos sucessos e diversos infortúnios constituíram o desenvolvimento da aviação mundial. Os primeiros equipamentos, até mesmo pela necessidade de desenvolvê-los, não dispunham de muita segurança, e falhas técnicas não eram raras de ocorrer. Vários pilotos deram sua vida em tentativas de apresentar ao mundo novas tecnologias aeronáuticas. Para que o transporte de pessoas e cargas pelo meio aéreo pudesse se expandir, foi necessário que a aviação progredisse alicerçada no conceito de segurança.

Desde já, cumpre ressaltar que não trataremos de acidentes aeronáuticos ocorridos, tampouco de procedimentos investigatórios, uma vez que o mote é pontuar a relevância do tema e a atuação dos órgãos de investigação. Para aqueles que desejarem aprofundar o estudo em casos práticos, recomendamos as obras do Dr. Marcelo Honorato (2014) e do Professor Kalazans (2013).

Assim, desde o início, as investigações de acidentes aeronáuticos tiveram a intenção de compreender as causas de um acidente para que outros desastres pudessem ser evitados. Diante desse contexto, reforçamos a ideia de que a investigação de acidentes e incidentes não deveria ser punitiva, mas preventiva, "por meio da identificação dos fatores que tenham contribuído, direta ou indiretamente, para a ocorrência" (art. 86-A, CBA, Brasil, 1986), emitindo recomendações de segurança operacional sem identificar culpados.

O Sistema de Investigação e Prevenção de Acidentes Aeronáuticos (Sipaer) foi criado para "planejar, orientar, coordenar, controlar e executar as atividades de investigação e de prevenção de acidentes Aeronáuticos" (art. 86, CBA). Nesse sistema, há o Centro de Investigação e Prevenção de Acidentes Aeronáuticos (Cenipa), órgão central do Sipaer, que realiza a atividade investigatória em acidentes e incidentes, conforme estipulado no art. 3º, inciso VII, do Decreto n. 9.540, de 25 de outubro de 2018 (Brasil, 2018). Para melhor atender todo o Brasil, o Cenipa tem sete divisões regionais, que são os Serviços Regionais de Investigação e Prevenção de Acidentes Aeronáuticos (Seripa). Assim, caso ocorresse um acidente aeronáutico na cidade de Curitiba, o Seripa designado para investigação seria o Seripa V – Canoas.

Figura 6.1 – *Áreas de responsabilidades dos Seripas*

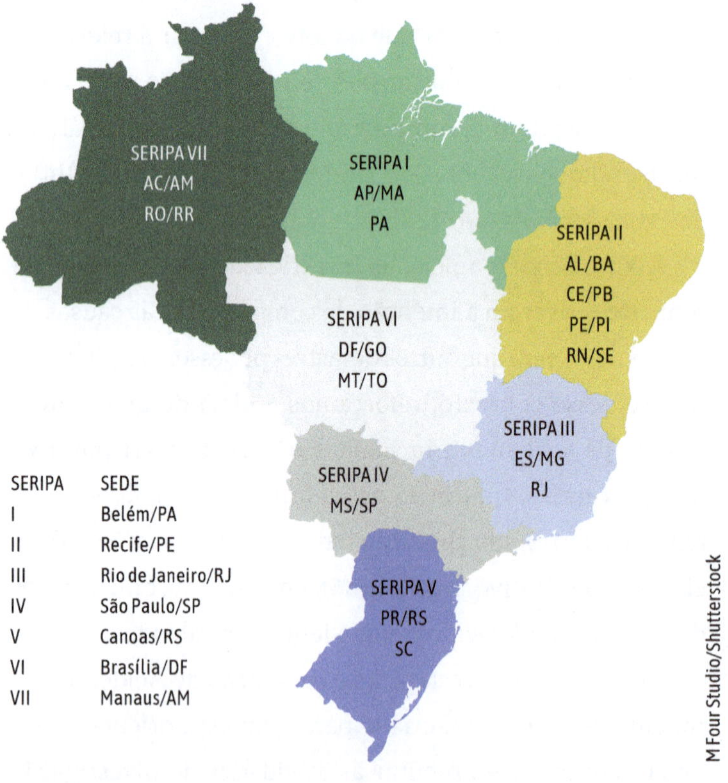

SERIPA	SEDE
I	Belém/PA
II	Recife/PE
III	Rio de Janeiro/RJ
IV	São Paulo/SP
V	Canoas/RS
VI	Brasília/DF
VII	Manaus/AM

Fonte: Brasil, 2017b, p. 17.

No entanto, a prevenção de acidentes aeronáuticos cabe a toda sociedade, fabricantes, empresas de manutenção, empresas de operações aéreas e organizações voltadas à infraestrutura aeronáutica, segundo consta no art. 87 do CBA. Esse artigo relembra que a vida em sociedade exige a cooperação de todos, no sentido da formação de uma coletividade mais participativa e solidária entre si, visando ao seu fortalecimento e à sua perpetuidade.

A Convenção de Chicago de 1944, em seu art. 26, estabelece:

> No caso em que uma aeronave de um Estado contratante, acarretando morte ou ferimentos graves, ou indicando sérios defeitos técnicos na aeronave ou nas facilidades de navegação aérea, os Estados onde tiver ocorrido o acidente procederá a um inquérito sobre as circunstâncias que provocarão o acidente, de conformidade, dentro do permissível por suas próprias leis com o procedimento que possa ser recomendado nas circunstâncias pela Organização Internacional de Aviação Civil. Será oferecido ao Estado de registro da aeronave a oportunidade de designar observadores para assistirem as investigações, e o Estado onde se esteja processando o inquérito transmitirá ao outro Estado as informações e conclusões apuradas. (Brasil, 1946)

Relembramos o Anexo 13 da Convenção de Chicago que é dedicado à investigação de acidentes de aviação, cujo objetivo é prevenir novas ocorrências sem que sejam indicados culpados ou responsáveis, conforme estipulado no art. 3.1. Segundo Fonseca (2018, p. 291-292):

Da mesma forma, o capítulo 5.4 assegura a independência da autoridade investigadora, mas também não limita outras investigações nem recomenda que a investigação para fins de prevenção impeça que outras autoridades tenham acesso aos destroços para realizar suas perícias e demais providências que lhes competem, especialmente os exames de medicina legal para fins de liberação de corpos para sepultamentos.

[...]

Porém, no capítulo 5.10 existe a previsão para que haja coordenação entre o investigador e as autoridades judiciais, ou seja, não há impedimentos previstos na convenção para o compartilhamento de informações. Portanto, processos ou procedimentos separados não significam que as informações não possam ser compartilhadas e totalmente isoladas ou sonegadas, principalmente levando-se em consideração que as informações produzidas no âmbito da investigação Sipaer poderão ser utilizadas em benefício do esclarecimento das causas do acidente, evitando equívocos na investigação criminal.

Nesse sentido, percebemos que a investigação criminal não está proibida pela Convenção de Chicago e seu Anexo 13, orientando, inclusive, a coordenação entre ambas as investigações por intermédio do compartilhamento de informações, sendo plenamente cabíveis duas investigações: uma com fins preventivos e outra com fins criminais.

O acidente ocorrido com o voo 1363, em 10 de outubro de 1989, envolvendo a aeronave F-28, da empresa Air Ontário, é sinalizado como paradigma na evolução das investigações de acidentes aeronáuticos. Esse posicionamento se justifica porque naquela ocorrência contatou-se que "as falhas latentes em uma organização não apenas criam condições que levam as pessoas a cometer erros, mas que tais falhas podem criar um ambiente de trabalho no qual são inevitáveis as violações de normas e procedimentos de segurança" (Gusmão, 2018, p. 274). A investigação desse acidente é tida por paradigmática, uma vez que a organização passa a ser parte investigada, já que comportamentos ou omissões praticados ou aceitos podem ser fatores contribuintes à ocorrência de acidentes ou incidentes, vindo a refletir, inclusive, na previsão do art. 88-A do CBA.

No entanto, com o passar do tempo, as punições decorrentes de processos judiciais se tornaram mais comuns no meio aéreo. Portanto, não pode ser confundida a investigação conduzida pelo Sipaer com a investigação criminal: "Não se trata, portanto, de criminalização da investigação técnica do acidente, conduzida pelo Sipaer, mas do acidente em si, pela exposição da aeronave a perigo, queda ou destruição" (Gusmão, 2018, p. 270). E tanto é assim que o CBA determina que "a investigação Sipaer não impedirá a instauração nem suprirá a necessidade de outras investigações" (art. 88-C, Brasil, 1986), tampouco se indícios de crime forem observados durante o curso da investigação Sipaer, haverá comunicação à autoridade policial competente (art. 88-D, Brasil, 1986).

A investigação criminal visa apurar a ocorrência de um crime e sua autoria. No Brasil, de acordo com o art. 144, parágrafo 1º, inciso I, e parágrafo 4º, da CF/1988, cabe à Polícia Federal ou Civil a apuração de infrações penais. O resultado da investigação deve ser encaminhado ao Ministério Público

(MP), que poderá oferecer denúncia, iniciando o processo judicial criminal.

Em 2014, a Lei n. 12.970, de 8 de maio (Brasil, 2014b), incluiu os arts. 86-A, 88-A, 88-B, 88-C, 88-D, 88-E, 88-F, 88-G, 88-H, 88-I, 88-J, 88-K, 88-L, 88-M, 88-N, 88-O, 88-P, 88-Q e 88-R no CBA. Cumpre esclarecer que a inclusão de novos artigos com a referência alfabética tem a intenção de manter a sequência vindoura de artigos, evitando que seja necessário renumerar todos os artigos do código. Essa sequência de artigos trouxe novas disposições "sobre as investigações do Sistema de Investigação e Prevenção de Acidentes Aeronáuticos – Sipaer e o acesso aos destroços de aeronave". (Brasil, 2014b).

A leitura desses artigos revela a intenção do legislador em dar preferência investigatória ao Sipaer. No entanto, no Brasil, a investigação criminal não pode deixar de ser realizada porque, por previsão constitucional (art. 5º, XXXV, CF/1988), não existe lei que afaste da apreciação do Poder Judiciário a lesão ou qualquer ameaça a direito. Portanto, o compartilhamento de informações entre Sipaer e polícia será imprescindível.

Honorato (2014, p. 509) assim afirma:

> Em suma, conclui-se que os elementos fáticos coletados no local do acidente e em ambientes correlatos, ainda que guardados seu sigilo, devem ser custodiados pela autoridade Sipaer e compartilhados com as autoridades policiais e judiciais, incluindo em tal comutação aqueles decorrentes de simples atividade de pesquisa científica em laboratórios, que nada mais representam que a identificação de aspectos factuais presentes em determinado componente

aeronáutico, equipamentos de infraestrutura aeronáutica ou material de aviação.

No entanto, as novas prerrogativas investigatórias do Sipaer não têm entendimento tão pacífico quanto a visão trazida por Honorato (2014). A Procuradoria-Geral da República (PGR) considera que as inclusões promovidas pela Lei n. 12.970/2014 no CBA são inconstitucionais, porque priorizam a investigação Sipaer, limitando o acesso da Polícia Científica e do MP às provas:

> Ao preceituar o dispositivo que as análises e conclusões da investigação do SIPAER não serão utilizadas para fins probatórios em processos e procedimentos administrativos e judiciais e que somente serão fornecidas mediante requisição judicial, claramente veda acesso de pessoas e órgãos envolvidos a informações que são de seu legítimo interesse e necessárias ao cumprimento de sua missão constitucional, no caso de órgãos do sistema de justiça, como o Ministério Público e a polícia criminal. (Brasil, 2017c)

No Supremo Tribunal Federal (STF), sob a relatoria do Ministro Celso de Mello, está tramitando a Ação Direita de Inconstitucionalidade (ADI) n. 5.667/DF (Brasil, 2021b). Essa ação tem o objetivo de declarar inconstitucionais os arts. 88-C, 88-D, 88-I, parágrafo 2º, 88-K, 88-N, 88-P do CBA. Encontra-se aguardando julgamento. Independentemente do resultado, a Convenção de Chicago, de 1944, recomenda a independência das investigações.

Por fim, não podemos deixar de explicar a responsabilização objetiva que ocorre na atividade aérea de serviço público. A CF/1988, no art. 37, parágrafo 6º, primeira parte, determina que as pessoas jurídicas prestadoras de serviço público são responsáveis pelos danos causados a terceiros. Sendo o transporte aéreo serviço público essencial à sociedade, cabe ao transportador doméstico ressarcir os danos sofridos pelo passageiro, sua bagagem ou carga.

Na segunda parte do art. 37, parágrafo 6º, da CF/1988, há referência à culpa e ao dolo, que são descritos como comportamentos exigidos do agente que realizou o ato. Assim, verificado que o funcionário agiu com dolo ou culpa, este poderá ressarcir as pessoas jurídicas de direito público ou as de direito privado que prestam serviços públicos. Dessa forma, em um primeiro momento, a empresa aérea indeniza o prejuízo da vítima face à existência da responsabilidade objetiva; mas, na sequência, se provado dolo ou culpa do funcionário, configura-se a responsabilidade subjetiva dele, com a possível restituição de valores anteriormente indenizados pela empresa aérea.

6.5 Seguro aeronáutico

A atividade aérea é desenvolvida para o transporte de bens e pessoas, por recreação e formação de novos profissionais. Os custos para a aquisição de equipamentos e sua manutenção envolvem valores de grande monta. Portanto, a opção por contratação de seguros é escolha pautada na diminuição de possíveis prejuízos e garantia de pagamento de indenizações.

Cabe trazer um fato histórico para a compreensão da relevância do tema a ser estudado. A Convenção de Varsóvia, de 1929, estabeleceu o pagamento limitado de indenizações para passageiros, bagagens e carga. A finalidade desse limite era evitar que a indústria aérea, nascente nesse período, se tornasse inviável em razão do pagamento de grandes somas, o que poderia comprometer a realização de suas operações.

> **Para saber mais**
>
> Para mais informações sobre indenizações tarifadas, indicamos a leitura de:
>
> CHROPACZ, F. **Introdução ao estudo do direito aeronáutico**. Belo Horizonte: Dialética, 2020. p. 61, 117.

Destacamos, no entanto, que as atividades aérea e marítima exigem, como requisito para a realização de operações, a contratação de seguros. O Decreto-Lei n. 73, de 21 de novembro de 1966, em seu art. 20, determina a obrigatoriedade da contratação de seguros para:

> a) danos pessoais a passageiros de aeronaves comerciais;
> b) responsabilidade civil do proprietário de aeronaves e do transportador aéreo;
> [...]
> l) danos pessoais causados por veículos automotores de vias terrestres e por embarcações, ou por sua carga, a pessoas transportadas ou não;
> m) responsabilidade civil dos transportadores terrestres, marítimos, fluviais e lacustres, por danos à carga transportada. (Brasil, 1966a)

Conforme afirmado na Seção 3.2, e com algumas observações já realizadas nas Seções 2.3 e 2.4, retomamos a explanação sobre seguros com a finalidade de tornar a matéria mais didática e mais bem compreendida sua aplicação prática.

O Código Civil estabelece, em seu art. 727: "Pelo contrato de seguro, o segurador se obriga, mediante o pagamento do prêmio, a garantir interesse legítimo do segurado, relativo a pessoa ou a coisa, contra riscos predeterminados" (Brasil, 2002a).

Monteiro (1999, p. 338 e seguintes) assevera que "O contrato de seguro é, pois, *contrato bilateral*, porque gera entre os contratantes recíprocas obrigações. É também *aleatório*, porque o ganho ou a perda das partes está na dependência de circunstâncias futuras e incertas, previstas no contrato e que constituem o risco".

A bilateralidade contratual é formada com a presença do segurador e do segurado, os quais acertam, em contrato, que determinado objeto, pessoa ou situação, se for perdida ou avariada, será reposta por outro similar ou terá seu valor compensado financeiramente. No entanto, não é qualquer situação que ensejará o pagamento de indenização: somente aquelas previamente contratadas serão arcadas pelo segurador.

Assim, é importante observar as descrições formalizadas em apólice, a qual é formada pelos riscos e limites suportados pelo segurador. Na apólice, igualmente é encontrado o valor do objeto segurado, pois, ocorrido o sinistro, esse valor será a referência para pagamento de indenização.

Convém destacar que o prêmio é outro valor pago pelo segurado para que tenha acesso à indenização pactuada.

Assim, além do valor pago para a formalização do contrato de seguro, se ocorrer o sinistro, o segurado deverá arcar com o prêmio previamente estabelecido para receber a indenização acordada. Sem o pagamento do prêmio, a apólice perde seu valor legal.

O prêmio é a "soma em dinheiro entregue ao segurador, como contraprestação do risco por ele assumido independentemente do risco vir a ocorrer ou não" (Monteiro, 1999, p. 344). O prêmio pode ser pago à vista ou de modo parcelado. O risco é o evento danoso que poderá ocorrer e acarretar prejuízos que não poderão ser suportados financeiramente ou com os quais não se deseja arcar.

Na atividade aérea, é constante a prática do resseguro, cuja finalidade é que o risco seja suportado por mais de uma empresa seguradora, evitando que, em eventual necessidade de pagamento de indenização, ocorra a quebra da empresa seguradora por falta de capacidade econômica. Para outras informações sobre resseguro, recomendamos consultar a Lei Complementar n. 126, de 15 de janeiro de 2007 (Brasil, 2007), a qual permitiu que outras empresas ingressassem no mercado brasileiro de resseguro, extinguindo o monopólio de atuação do Instituto de Resseguros do Brasil (IRB).

> o seguro aeronáutico representa importantíssimo sustentáculo para continuidade e evolução da aviação civil e da aviação de segurança pública.
>
> É por meio do seguro aeronáutico que se promove a garantia da continuidade da atividade das empresas aéreas e do Estado, ao exercer a aviação pública, pois se não houvesse o seguro aeronáutico bastaria uma aeronave sinistrada

para abalar irremediavelmente a atividade executada pelo transportador aéreo. Assim, é através do contrato de seguro aeronáutico que se torna possível a socialização do dano, repartindo-o entre todos e tornando-o suportável por maior que ele seja. (Lafore, 2018, p. 676)

A prática da aviação civil está associada à contratação de seguro para garantir eventual indenização com relação aos danos sofridos por pessoas ou bens (art. 281, CBA). Essa exigência aplica-se tanto para a aviação civil nacional quanto para aeronaves estrangeiras (art. 282, CBA):

> O atual CBA, de 1986, no Capítulo V do Título VIII, regula a garantia de responsabilidade, estabelecendo, no art. 281, a obrigatoriedade do contrato de seguro para garantir eventual indenização de riscos futuros em relação aos danos aos passageiros, pelos limites previstos no art. 257, à bagagem, pelo teto previsto no art. 260, à carga, pelos níveis do art. 262, a terceiros na superfície, pelos graus indicados no art. 269, em abalroamento, pelos valores mostrados no art. 277, aos tripulantes e passageiros gratuitos (§ 2º do art. 256), ao pessoal técnico a bordo, às pessoas e bens nos serviços aéreos privados (art. 178, § 2º e art. 267, I) e ao valor da aeronave.
> Se houver contrato em separado por maiores limites, deve haver o seguro correspondente (art. 257, § 1º; parágrafo único e 281, I *in fine*). (Pacheco, 1998, p. 476)

É no certificado de aeronavegabilidade de uma aeronave que se promove a averbação do seguro, e, caso a garantia dada pelo seguro deixe de existir, a validade do certificado de aeronavegabilidade poderá ser suspensa (art. 283 e § 1º, CBA). Em matéria aeronáutica, constitui infração sujeita à multa a ausência de comprovação da contratação de seguro para danos a passageiros, tripulantes, bagagens, cargas, bem como a terceiros em solo (art. 302, III, "g", CBA).

Em se tratando de seguro aeronáutico, faz-se referência ao seguro franquia, qual seja: "a possibilidade da contratação de uma cobertura para garantia de franquia a ser desembolada pelo segurado na hipótese da ocorrência de um sinistro envolvendo a aeronave segurada. Essa cobertura é comum para linhas aéreas ou grandes jatos, uma vez que a franquia atinge valores elevados" (Lafore, 2018, p. 683).

Sobre as coberturas oferecidas para a aviação civil nacional, ou seja, o seguro aeronáutico, devemos ter em mente três condições de proteção: aditivo A, aditivo B e cobertura de responsabilidade civil.

O aditivo A, também chamado de *cobertura casco aeronáutico* ou *hull*, não é obrigatório e garante o casco da aeronave contra danos materiais e despesas relativas ao socorro e salvamento de aeronave sinistrada por atos danosos de terceiros. Por conseguinte, "Como toda cobertura facultativa o aditivo A é um instrumento do contrato de seguro utilizado para alterar a apólice acrescentando coberturas não abrangidas pelo seguro obrigatório, mas sem alterar a cobertura básica nela contida" (Lafore, 2018, p. 680).

O aditivo B é comumente conhecido por RETA, que é a sigla para Responsabilidade do Explorador ou Transportador Aéreo. O seguro RETA é obrigatório, conforme a legislação nacional (art. 281 e seguintes, CBA), o RBAC 47, que substituiu o RBHA 47 (Apêndice B), e a Resolução n. 37/2008 ANAC.

O RETA é divido em quatro classes: 1) danos a passageiros e suas bagagens; 2) danos a tripulantes e suas bagagens; 3) danos a pessoas e bens no solo; 4) danos por colisão ou abalroamento. Dessa maneira, o seguro RETA garante o pagamento de indenizações, conforme contratado, para casos de morte, invalidez permanente total ou parcial, incapacidade temporária, reembolso de tratamentos médicos, bem como outros danos materiais, avarias ou perdas de bagagens causadas por sinistro envolvendo a aeronave. Similar ao RETA, em matéria marítima, é o seguro de Danos Pessoais causados por Embarcações ou por suas Cargas (Dpem).

A cobertura de responsabilidade civil também é chamada de 2º risco da garantia RETA, RETA a 2º risco ou Limite Único Combinado (LUC), porque faz complementação dos valores indenizatórios contratados no seguro RETA, uma vez que estes podem ser insuficientes para cobrir indenizações, já que estão atrelados às referências financeiras estabelecidas no CBA. Assim, quando há contratação do RETA a 2º risco, esse seguro custeará a diferença de valores acordados ou sentenciados para indenização.

Os seguros para casos de guerra e riscos afins e para hangares e operações aeroportuárias são facultativos, mas também podem ser agregados para atender às necessidades do proprietário da aeronave. Para salvaguardar o pagamento de indenizações decorrentes de "guerra, guerra civil, revolução, rebelião, insurreição, ou qualquer outro ato de hostilidade, bem como os decorrentes de atos grevistas e *lock-out*" (Lafore, 2018, p. 681), há a possibilidade de contratação de seguro de guerra e riscos afins. Entretanto, para a validade da cobertura, faz-se necessário que o início do voo ocorra antes do começo do conflito (Lafore, 2018).

O seguro de responsabilidade civil de hangares e operações, quando contratado, poderá ser acionado em caso de danos decorrentes da instalação do prédio, de uso e de manutenção, bem como outras condições pactuadas entre segurador e seguradora. É regulamentado pela Circular n. 559/2017 da Superintendência de Seguros Privados (Susep).

6.6 Crédito aeronáutico, hipoteca e arresto

As aeronaves são bens de grande valor econômico, portanto, "são bens extremamente aptos para servir de respaldo a operações muito importantes em matéria de financiamento" (Escalada, 1969, p. 157, tradução nossa). Dessa forma, o estudo do crédito aeronáutico, hipoteca e arresto torna-se justificado, uma vez que as aeronaves podem ser objetos desses modelos contratuais.

O crédito aeronáutico tem a finalidade de fornecer financiamentos que estão direcionados para a aquisição de aviões, helicópteros, aviônicos e motores. É ofertado por bancos e agências de crédito. O oferecimento do crédito aeronáutico pode ser materializado em contratos de *leasing*, compra de aeronaves com a finalidade de criação ou renovação de frota.

A hipoteca está prevista nos art. 138 e seguintes do CBA, e é definida como "direito real, constituído em garantia de um crédito em dinheiro, sobre uma aeronave ou seus motores que o proprietário conserva em seu poder" (Escalada, 1969, p. 158, tradução nossa). O direito real é aquele que é vinculado a determinada propriedade, permitindo que o proprietário possa hipotecar esse bem, no todo ou em parte.

A hipoteca permite que o bem seja garantidor de um empréstimo, por exemplo, facilitando a obtenção de crédito e permitindo que o "credor se acautele contra o risco do inadimplemento" (Gomes, 1999c, p. 229). É possível utilizar a hipoteca para adquirir uma aeronave, ou, já sendo o proprietário dela, conseguir valores financeiros para custear outro empreendimento. Cumpre destacar que a aeronave, seus motores ou partes deverão previamente estar inscritos no RAB para que, na sequência, faça-se o registro da hipoteca (art. 141 CBA). Haverá tantas hipotecas quanto forem os contratos celebrados. O registro da hipoteca tem o objetivo de dar publicidade desse ato para terceiros e, caso exista mais de uma hipoteca recaindo sobre o mesmo bem, estabelecer a ordem de preferência entre elas (Escalada, 1969).

O CBA refere-se à hipoteca convencional (art. 138 e seguintes, CBA), a qual é celebrada entre particulares, e à hipoteca legal (art. 144 e seguintes, CBA), a qual tem a União como credora. O CBA, em seu art. 121, permite que a hipoteca possa ser celebrada por instrumento público ou particular.

No art. 142 do CBA, são elencados os elementos indispensáveis à formalização do contrato de hipoteca:

> Art. 142. Do contrato de hipoteca deverão constar:
> I – o nome e domicílio das partes contratantes;
> II – a importância da dívida garantida, os respectivos juros e demais consectários legais, o termo e lugar de pagamento;

III – as marcas de nacionalidade e matrícula da aeronave, assim como os números de série de suas partes componentes;

IV – os seguros que garantem o bem hipotecado.

§ 1º Quando a aeronave estiver em construção, do instrumento deverá constar a descrição de conformidade com o contrato, assim como a etapa da fabricação, se a hipoteca recair sobre todos os componentes; ou a individuação das partes e acessórios se sobre elas incidir a garantia.

§ 2º No caso de contrato de hipoteca realizado no exterior, devem ser observadas as indicações previstas no artigo 73, item III. (Brasil, 1986)

O nome dos contratantes garante a identificação das partes e a conferência de sua legitimidade para o ato. O domicílio é o endereço no qual os contratantes podem ser localizados. A menção ao valor pecuniário da obrigação garante a dívida em caso de inadimplemento, tornando-se referência para sua cobrança. As marcas de nacionalidade e matrícula da aeronave, bem como os números de série de suas partes componentes serão mencionados para que se possa individualizar o bem que é dado em garantia. O CBA exige seguro para o bem hipotecado, visando garantir o credor em caso de perda ou avaria da aeronave ou dos equipamentos hipotecados.

Hipoteca e alienação fiduciária em garantia são institutos diferentes. Explica o art. 148 do CBA:

Art. 148. A alienação fiduciária em garantia transfere ao credor o domínio resolúvel e a posse indireta da aeronave ou de seus equipamentos, independentemente da respectiva tradição, tornando-se o devedor o possuidor direto e depositário com todas as responsabilidades e encargos que lhe incumbem de acordo com a lei civil e penal. (Brasil, 1986)

Recordamos que a Convenção de Genebra, de 1948, a qual tratou dos direitos sobre aeronaves, referenciado na Seção 5.1 desta obra, faz menção à hipoteca e seu reconhecimento por outros Estados contratantes.

Para se tratar de arresto, faz-se necessário abordar o Capítulo VI do CBA, que aborda o sequestro, penhora e apreensão de aeronaves.

O *caput* do art. 153 do CBA estabelece que "Nenhuma aeronave empregada em serviços aéreos públicos (artigo 175) poderá ser objeto de sequestro" (Brasil, 1986). No entanto, o termo *sequestro* não faz referência ao crime tratado na Seção 5.1 desta obra. Sua referência decorre da Convenção de Roma, de 1933, que estabeleceu o "sequestro preventivo" como gênero dos institutos arresto, sequestro e medida cautelar, os quais permitem que uma aeronave seja apreendida, por interesse privado, com a finalidade de resguardar os direitos reais do proprietário ou credor (Pacheco, 1998).

O arresto tem a finalidade de apreender bens para a garantir o pagamento de uma dívida. Esse instituto pode recair sobre quaisquer bens, já que sua finalidade é garantir que o crédito existente não fique sem liquidação. O art. 830 do Código de Processo Civil (CPC) estabelece que é possível que o oficial de justiça, quando não localiza o devedor, mas localiza seus bens, possa arrestar tantos bens sejam necessários para garantir o pagamento da dívida. Os bens são arrestados com a finalidade de evitar que o devedor, escondendo-se do oficial de justiça, cause dificuldades ao credor que está exigindo seu crédito.

O sequestro, aqui apresentado, é instituto que objetiva apreender determinado bem que está sendo discutido em uma lide. Por se fazer referência a determinado bem, não pode haver substituição por outro, já que o bem sequestrado é o objeto de discussão judicial. Para o CBA, o sequestro poderá ser utilizado para fins de exclusão da posse direta e para fins de pagamento de dívida decorrente de pouso forçado ou algum incidente ou acidente por ela causado (art. 154, CBA).

O art. 155 do CBA exige que a penhora ou apreensão sejam registrados no RAB. O art. 74 do CBA inclui também a necessidade de registro do arresto, sequestro, penhora e apreensão de aeronave. Esses registros são exigidos para dar publicidade desses atos, evitando que terceiros de boa-fé sejam prejudicados.

Por fim, a penhora ocorre quando há a condenação judicial para pagamento da dívida. Se, voluntariamente, o devedor não paga, o CPC (art. 385) determina quais bens podem ser levados à penhora, inclusive navios e aeronaves (inciso VIII). *Penhora* não é sinônimo de *penhor,* que é o oferecimento voluntário de um bem para pagamento de uma dívida. O art. 703, parágrafo 2º, do CPC permite a homologação do penhor legal em Cartório de Notas, portanto, defendemos que, por analogia, o penhor igualmente deve ser registrado no RAB.

Lista de siglas

Organizações internacionais

ANNPP	Administração Nacional de Navegação e Portos do Paraguai
ATC	Comitê de Transporte Aéreo
Bimco	*Baltic & International Maritime Council*
CCI	Câmara Internacional do Comércio
Cina	Comissão Internacional de Navegação Aérea
Citeja	*Comité Internacional Technique d'Experts Juridiques Aèriens*
CMI	Comitê Marítimo Internacional
CS	Clubes de Seguro
GATT	*General Agreement on Tariffs and Trade*

IATA	Associação Internacional de Transportes Aéreos – *International Air Transport Association*
ICAO	*International Civil Aviation Organization*
ICC	*International Chamber of Commerce*
ICS	*International Chamber of Shipping*
ILA	*International Law Association*
Imco	*Inter-Governmental Maritime Consultative Organization*
IMO	*International Maritime Organization*
Impa	*International Marine Purchasing Association*
Insa	*International Shipowners Association*
ISF	*International Shipping Federation*
ITF	*International Transport Federation*
Oaci	Organização da Aviação Civil Internacional
OMC	Organização Mundial do Comércio
OMI	Organização Marítima Internacional
OMS	Organização Mundial da Saúde
ONU	Organização das Nações Unidas
OIT	Organização Internacional do Trabalho
Opaci	Organização Provisória da Aviação Civil
SC	Sociedades Classificadoras
Uncitral	*United Nations Commission on International Trade Law*

Unclos	*United Nations Convention on the Law of the Sea*
Unidroit	Instituto Internacional para a Unificação do Direito Privado

Organizações nacionais

ABDM	Associação Brasileira de Direito Marítimo
AMB	Autoridade Marítima Brasileira
ANAC	Agência Nacional de Aviação Civil
Antaq	Agência Nacional de Transportes Aquaviários
Anvisa	Agência Nacional de Vigilância Sanitária
Bacen	Banco Central
BM&F	Bolsa de Mercadoria e Futuros
BNDE	Banco Nacional de Desenvolvimento Econômico
Cade	Conselho Administrativo de Defesa Econômica
Cenipa	Centro de Investigação e Prevenção de Acidentes Aeronáuticos
CMM	Comissão da Marinha Mercante
CNSP	Conselho Nacional de Seguros Privados
CPI	Comissão Parlamentar de Inquérito
DAC	Diretoria de Aeronáutica Civil
Decea	Departamento de Controle do Espaço Aéreo

Infraero	Empresa Brasileira de Infraestrutura Aeroportuária
IRB	Instituto de Resseguros do Brasil
NAV Brasik	Serviços de Navegação Aérea S.A
Nepom	Núcleo Especial de Polícia Marítima
OGMO	Órgão Gestor de Mão de Obra
PGR	Procuradoria Geral da República
RF	Receita Federal
Seripa	Serviços Regionais de Investigação e Prevenção de Acidentes Aeronáuticos
Sisnama	Sistema Nacional do Meio Ambiente
STF	Supremo Tribunal Federal
STJ	Superior Tribunal de Justiça
Sunamam	Superintendência Nacional da Marinha Mercante
Susep	Superintendência de Seguros Privados
TIDM	Tribunal Internacional do Direito do Mar

Convenções

CIGS	Convenção das Nações Unidas, de 1980, sobre Compra e Venda Internacional de Mercadorias
CNUDM III	Convenção das Nações Unidas sobre o Direito do Mar de Montego Bay
Solas	Safety of Life at Sea

Referências Administrativas e Jurídicas

ADI	Ação Direita de Inconstitucionalidade
AFRMM	Adicional ao Frete para a Renovação da Marinha Mercante
AM	Alto Mar
AWB	*Air Why Bill*
BCP	*bareboat charter party* – fretamento a casco nu
BL ou B/L	*Bill of Landing*
CBA	Código Brasileiro de Aeronáutica
CC	Código Civil
CCF	Certificado de Capacidade Física
CCO	Código Comercial
CDC	Código de Defesa do Consumidor
CE	Conhecimento Eletrônico Mercante
CF	Constituição Federal
CHT	Certificado de Habilitação Técnica
Cide	Contribuição de Intervenção no Domínio Econômico
CMA	Certificado Médico Aeronáutico
CNJP	Cadastro Nacional de Pessoa Jurídica
CP	Código Penal Brasileiro
CPC	Código de Processo Civil
CTN	Código Tributário Nacional
DES	Direito Especial de Saque
DIPr	Direito Internacional Privado
DPC	Diretoria de Portos e Costas

Dpem	Seguro por Danos Pessoais causados por Embarcações ou por suas Cargas
ETC	Estações de Transbordo de Carga
FMM	Fundo da Marinha Mercante
GC	Gestão Comercial
GN	Gestão Náutica
IFR	*Instrument Flight Rules*
Incoterms	Termos Internacionais de Comércio – *International Commercial Terms*
IP4	Instalações Portuárias de Pequeno Porte
IPT	Instalações Portuárias de Turismo
ISM Code	*International Safety Managenent Code*
LUC	Limite Único Combinado
MT	Mar Territorial
Normam	Norma da Autoridade Marítima
Padis	Programa de Apoio ao Desenvolvimento Tecnológico da Indústria de Semicondutores
PATVD	Programa de Apoio ao Desenvolvimento Tecnológico da Indústria de Equipamentos para TV Digital
PC	Plataforma Continental
PCN	Planos de Construção Naval
PF	Pessoa física
PJ	Pessoa jurídica
PJDP	Pessoa jurídica de direito privado

PNAVSEC	Programa Nacional de Segurança da Aviação Civil Contra Atos de Interferência Ilícita
RAB	Registro Aeronáutico Brasileiro
Radar	Ambiente de Registro e Rastreamento da Atuação dos Intervenientes Aduaneiros
RBAC	Regulamento Brasileiro da Aviação Civil
REB	Registro Especial Brasileiro
Reidi	Regime Especial de Incentivos para o Desenvolvimento da Infraestrutura
RETA	Responsabilidade do Explorador ou Transportador Aéreo
SARPS	*Standard and Recommended Practices*
SBDC	Sistema Brasileiro de Defesa da Concorrência
SDR	*Special Drawing Rights*
SEP	Secretaria de Portos da Presidência da República
SGRF	Sistema de Gerenciamento de Risco de Fadiga Humana
Sipaer	Sistema de Investigação e Prevenção de Acidentes Aeronáuticos
Siscomex	Sistema Integrado de Comércio Exterior
Taca	Transporte Aéreo Clandestino de Passageiro
TCP	*time charter* – fretamento por tempo
Teca	Terminais de Logística de Carga
TM	Tribunal Marítimo

TRMM	Taxa de Renovação da Marinha Mercante
TUP	Terminais de uso privado
USOAP CMA	*Universal Safety Oversight Audit Programme – Continuous Monitoring Approach*
VCP	*voyage charter* – fretamento por viagem
ZC	Zona Contígua
ZEE	Zona Econômica Exclusiva

Considerações finais

AS PRÁTICAS COMERCIAIS ENTRE NAÇÕES SÃO INDISPENSÁVEIS. Mesmo em tempos de pandemia, como a que vivenciamos, principalmente, em 2020 e 2021, não se afasta a necessidade da realização de compra e venda de produtos, desde gêneros alimentícios, produtos médicos, vacinas e seus insumos, os quais precisam ser transportados pelos modais marítimo e aéreo. Facilitar o comércio, desenvolvendo as trocas internacionais entre as nações, principalmente neste período, pode ser um caminho para a retomada econômica dos países, tão assoladas pelo desgaste causado pela pandemia.

Efetivada a compra, formaliza-se o acordo de venda e compra entre exportador e importador, para, na sequência, ajustar-se contratos entre transportadores, modalidade de frete e seguro. Se, de um lado, a iniciativa privada precisa cumprir uma sucessão de atos para realizar o comércio exterior, de outro, não é possível relegar a atividade pública, a qual atua com viés fiscal, no controle de fronteiras, bem como na repressão a crimes e atos terroristas, e, assim, contribui para que o comércio internacional seja realizado de maneira a observar legislações internas e acordos internacionais.

O comércio internacional, com suas dinâmicas diversificadas, demanda ações tanto governamentais quanto privadas. Dessa maneira, justificam-se os estudos do direito internacional, das convenções e dos acordos celebrados entre as nações, uma vez que as importações e exportações contribuem para o fomento econômico de um país e seu desenvolvimento.

Ressaltamos, ainda, como fator contribuinte para o sucesso do comércio internacional, a pesquisa do mercado a ser acessado e, igualmente, o estudo da legislação nacional e externa, com a finalidade de adequar a formação contratual. Assim, apresentamos, nesta obra, noções de direito incidentes sobre o comércio exterior, com a finalidade de auxiliar o processo de realização de negócios. Estabelecer o diálogo entre diferentes nações e acessar mercados com culturas distintas exige maestria do profissional que se habilita a fazê-lo. Conhecimento traz segurança, agregando melhores resultados na realização de qualquer atividade.

Na realização desta obra, foram utilizadas algumas referências antigas, porque mostram que certos temas são acompanhados pelos doutrinadores há tempos. De outro modo, elas também indicam a necessidade de aumentar a produção intelectual nessa área, pois há carência de estudos específicos voltados aos novos profissionais do comércio exterior. Portanto, entendemos que esta obra preenche uma lacuna existente nas bibliografias nacionais, haja vista que se pretendeu demostrar a relevância do direito marítimo e do direito aeronáutico para a prática do comércio internacional.

Nos cursos de ciências jurídicas, essas matérias não são tratadas, o que afasta ainda mais o contato dos futuros profissionais com esses ramos do direito. Ainda há poucos autores produzindo obras que tratem desses temas e apontem sua relevância para a economia nacional e mundial. Assim, a iniciativa desta editora deve ser aplaudida, pois é necessário apresentar o direito marítimo e aeronáutico aos nossos estudantes de comércio exterior e, igualmente, para toda a sociedade e estudiosos do direito.

A análise e a difusão de temas voltados ao direito marítimo e aeronáutico, além de facilitar o trabalho de todos os *players* que estão vinculados de alguma maneira a esses dois setores, também trará luz ao desenvolvimento de novos estudos e à busca de soluções para conjunturas que nos impedem de aproveitar com mais eficácia esses dois modais de transportes indispensáveis para que nossa nação possa se destacar economicamente no cenário internacional.

Referências

ABOL – Associação Brasileira de Operadores Logísticos. **DHL Supply Chain inaugura hub de carga aérea no aeroporto de Guarulhos**. 29 set. 2020. Disponível em: <https://abolbrasil.org.br/posts/dhl-supply-chain-inaugura-hub-de-carga-aerea-no-aeroporto-de-guarulhos/>. Acesso em: 28 mar. 2022.

AIRWAY. **Quando o avião virou arma**. 4 mar. 2020. Disponível em: <https://www.airway.com.br/quando-o-aviao-virou-arma/>. Acesso em: 28 mar. 2022.

ALEXANDRE, R. **Direito tributário esquematizado**. 6. ed. São Paulo: Método, 2012.

ALMEIDA, J. G. A. de. A Convenção de Montreal de 1999 e o transporte Aéreo Internacional no Brasil. **Revista Brasileira de Direito Aeronáutico e Espacial**, n. 91, p. 34-39, dez. 2008. Disponível em: <https://sbda.org.br/wp-content/uploads/2018/10/1803.pdf>. Acesso em: 28 mar. 2022.

ALVARENGA, R. **Direito aeronáutico dos contratos e garantias sobre aeronaves**. Belo Horizonte: Del Rey, 1992.

AMARAL, L. O. de O. **Teoria geral do direito**. Rio de Janeiro: Forense, 2006.

AMARO, L. **Direito tributário brasileiro**. São Paulo: Saraiva, 2008.

ANAC – Agência Nacional de Aviação. **Anac Informa**, n. 24, 31 mar. 2020a. Disponível em: www.gov.br/anac/pt-br/noticias/newsletter/ANAC_Informa_MARCO_2020.pdf. Acesso em: 28 mar. 2022.

ANAC – Agência Nacional de Aviação Civil. Convenção de Aviação Civil Internacional de Chicago, 7 de dezembro de 1944. **Diário Oficial da União**, 12 set. 1946. Disponível em: <https://www.anac.gov.br/assuntos/legislacao/legislacao-1/decretos/decreto-no-21-713-de-27-08-1946>. Acesso em: 28 mar. 2022.

ANAC – Agência Nacional de Aviação Civil. Instrução Suplementar n. 91-007-Revisão C, de 15 de dezembro de 2021. **Diário Oficial da União**, 17 dez. 2021. Disponível em: <https://www.anac.gov.br/assuntos/legislacao/legislacao-1/iac-e-is/is/is-91-007/@@display-file/arquivo_norma/IS91-007.pdf>. Acesso em: 28 mar. 2022.

ANAC – Agência Nacional de Aviação. **Legislação**. Disponível em: <https://www.anac.gov.br/assuntos/legislacao>. Acesso em: 28 mar. 2022.

ANAC – Agência Nacional de Aviação Civil. **OACI ratifica o Brasil entre os melhores avaliados em segurança operacional**. 9 maio 2016a. Disponível em: <https://www.gov.br/anac/pt-br/noticias/2016/oaci-ratifica-o-brasil-entre-os-melhores-avaliados-em-seguranca-operacional>. Acesso em: 28 mar. 2022.

ANAC – Agência Nacional de Aviação Civil. Portaria n. 880/SPO, de 27 de março de 2020. **Diário Oficial da União**, 27 mar. 2020b. Disponível em: <https://www.anac.gov.br/assuntos/legislacao/legislacao-1/portarias/2020/portaria-no-880-spo-27-03-2020>. Acesso em: 28 mar. 2022.

ANAC – Agência Nacional de Aviação Civil. Resolução n. 400, de 13 de dezembro de 2016. **Diário Oficial da União**, 14 dez. 2016b. Disponível em: <https://www.anac.gov.br/assuntos/legislacao/legislacao-1/resolucoes/resolucoes-2016/resolucao-no-400-13-12-2016/@@display-file/arquivo_norma/RA2016-0400%20-%20Compilado%20at%C3%A9%20RA2017-0434.pdf>. Acesso em: 28 mar. 2022.

ANP – Agência Nacional do Petróleo, Gás Natural e Biocombustíveis. **Produção de petróleo e gás do Pré-sal representa 71,27% do total nacional em fevereiro**. 24 mar. 2021. Disponível em: <https://www.gov.br/anp/pt-br/canais_atendimento/imprensa/noticias-comunicados/

producao-de-petroleo-e-gas-do-pre-sal-representa-73-do-total-nacional-em-fevereiro>. Acesso em: 28 mar. 2022.

ANTAQ – Agência Nacional de Transportes Aquaviários. Resolução Normativa n. 01/2015, de 13 de fevereiro de 2015. **Diário Oficial da União**, 18 fev. 2015. Disponível em: <https://www.abtp.org.br/upfiles/legislacao/Resolucao-Normativa-Antaq-1-de-2015.pdf>. Acesso em: 14 fev. 2022.

ANTAQ – Agência Nacional de Transportes Aquaviários. **Sobre**. Disponível em: <https://dados.gov.br/organization/about/agencia-nacional-de-transportes-aquaviarios-antaq>. Acesso em: 28 mar. 2022.

ARAÚJO, L. I. de A. **Curso de direito aeronáutico**. Rio de Janeiro: Forense, 1998.

ARAÚJO, N. de. **Direito internacional privado**: teoria e prática brasileira. Rio de Janeiro: Renovar, 2003.

ASAS BRASIL. **Regulamentação aeronáutica na prática!** Para empreender ou trabalhar em diversos setores. 29 jul. 2020. Disponível em: <https://asasbrasil.com.br/2020/07/29/regulamentacao-aeronautica-na-pratica-para-empreender-ou-trabalhar-em-diversos-setores-por-regers-vidorair-talent/>. Acesso em: 28 mar. 2022.

BAGANHA, J. T. Introdução ao Direito Aéreo Internacional (1ª Parte). **Revista Administração**, v. 9, n. 34, p. 913-924, 1996. Disponível em: <https://www.safp.gov.mo/safppt/download/WCM_004082>. Acesso em: 28 mar. 2022.

BARRIENTOS-PARRA, J.; SILVA, A. C. C. da. Os impactos dos avanços tecnológicos, a poluição marinha por petróleo e as repercussões no Direito do Mar. **Revista de Informação Legislativa**, v. 54, n. 213, p. 135-158, jan./mar. 2017. Disponível em: <https://www.tjdft.jus.br/institucional/biblioteca/conteudo-revistas-juridicas/revista-de-informacao-legislativa/2016-v-16-n-63-jan-mar>. Acesso em: 28 mar. 2022.

BARROS, G. F. de M.; BARROS, M. F. E. Aplicação dos princípios UNIDROIT no plano Brasil maior: o suprimento de uma lacuna na política brasileira de desenvolvimento econômico. **Revista de Direito Internacional**,

Brasília, v. 11, n. 1, p. 162-177, 2014. Disponível em: <https://www.publicacoesacademicas.uniceub.br/rdi/article/view/2759/pdf>. Acesso em: 28 mar. 2022.

BASTOS, C. R. **Curso de direito constitucional**. 20. ed. São Paulo: Saraiva, 1999.

BATISTA, A. P.; CUNHA, L. D. H. A falência da profissão dos pilotos nacionais: uma política em questão. In: LANDER, A. A.; MOURÃO, S. L.; SILVA, J. V. L. (Org.). **Direito aeronáutico**. Belo Horizonte: D'Plácido, 2018. p. 647-663.

BEIRÃO, A. P. "Segurança no mar": que segurança? In: BEIRÃO, A. P.; PEREIRA, A. C. A. (Org.). **Reflexões sobre a Convenção do Direito do Mar**. Brasília: Funag, 2014. p. 127-166.

BÍBLIA On-Line. Disponível em: <https://www.claret.org.br/biblia>. Acesso em: 28 mar. 2022.

BIMCO. **About us and our Members**. Disponível em: <https://www.bimco.org/about-us-and-our-members>. Acesso em: 28 mar. 2022.

BM&F – Bolsa de Mercadorias & Futuros. **Mercados derivativos**. jul. 2007. Disponível em: <https://edisciplinas.usp.br/pluginfile.php/1818183/mod_resource/content/1/ENS%20-%20MF2%20BMF%202007%20-%20BK%20Introd%20Derivativos.pdf>. Acesso em: 28 mar. 2022.

BOTTESELLI, E. Princípios do Unidroit: internacionalização e unificação do direito comercial internacional. **RJLB**, ano 2, n. 1, p. 933-952, 2016. Disponível em: <http://www.cidp.pt/revistas/rjlb/2016/1/2016_01_0933_0952.pdf>. Acesso em: 28 mar. 2022.

BRACO, P. de M. Recursos Minerais do Mar. **CPRM**, 2022. Disponível em: <http://www.cprm.gov.br/publique/CPRM-Divulga/Canal-Escola/Recursos-Minerais-do-Fundo-do-Mar-2560.html>. Acesso em: 28 mar. 2022.

BRASIL. Câmara dos Deputados. **Projeto de Lei n. 1.572/2011**. Brasília, 14 jun. 2011a. Disponível em: <https://www.camara.leg.br/proposicoesWeb/fichadetramitacao?idProposicao=508884>. Acesso em: 28 mar. 2022.

BRASIL. Constituição (1934). **Diário Oficial da União**, Rio de Janeiro, 16 jul. 1934. Disponível em: <http://www.planalto.gov.br/ccivil_03/constituicao/constituicao34.htm>. Acesso em: 28 mar. 2022.

BRASIL. Constituição (1937). **Diário Oficial da União**, Rio de Janeiro, 10 nov. 1937. Disponível em: <http://www.planalto.gov.br/ccivil_03/constituicao/constituicao37.htm>. Acesso em: 28 mar. 2022.

BRASIL. Constituição (1946). **Diário Oficial da União**, Rio de Janeiro, 18 set. 1946. Disponível em: <http://www.planalto.gov.br/ccivil_03/constituicao/constituicao46.htm>. Acesso em: 28 mar. 2022.

BRASIL. Constituição (1969). **Diário Oficial da União**, Brasília, DF, 20 out. 1969a. Disponível em: <http://www.planalto.gov.br/ccivil_03/constituicao/emendas/emc_anterior1988/emc01-69.htm>. Acesso em: 28 mar. 2022.

BRASIL. Constituição (1988). **Diário Oficial da União**, Brasília, DF, 5 out. 1988a. Disponível em: <http://www.planalto.gov.br/ccivil_03/constituicao/constituicao.htm>. Acesso em: 28 mar. 2022.

BRASIL. Decreto n. 502, de 23 de abril de 1992. **Diário Oficial da União**, Poder Executivo, Brasília, DF, 24 abr. 1992a. Disponível em: <http://www.planalto.gov.br/ccivil_03/decreto/1990-1994/D0502.htm>. Acesso em: 28 mar. 2022.

BRASIL. Decreto n. 660, de 25 de setembro de 1992. **Diário Oficial da União**, Poder Executivo, Brasília, DF, 28 set. 1992b. Disponível em: <http://www.planalto.gov.br/ccivil_03/decreto/1990-1994/d0660.htm>. Acesso em: 28 mar. 2022.

BRASIL. Decreto n. 1.232, de 22 de junho de 1962. **Diário Oficial da União**, Poder Executivo, Brasília, DF, 22 jun. 1962. Disponível em: <http://www.planalto.gov.br/ccivil_03/decreto/historicos/dcm/dcm1232.htm>. Acesso em: 28 mar. 2022.

BRASIL. Decreto n. 1.530, de 22 de junho de 1995. **Diário Oficial da União**, Poder Executivo, Brasília, DF, 23 jun. 1995. Disponível em: <https://www2.camara.leg.br/legin/fed/decret/1995/decreto-1530-22-junho-1995-435606-publicacaooriginal-1-pe.html>. Acesso em: 28 mar. 2022.

BRASIL. Decreto n. 2.256, de 17 de junho de 1997. **Diário Oficial da União**, Poder Executivo, Brasília, DF, 18 jun. 1997a. Disponível em: <http://www.planalto.gov.br/ccivil_03/decreto/1997/d2256.htm>. Acesso em: 28 mar. 2022.

BRASIL. Decreto n. 2.508, de 4 de março de 1998. **Diário Oficial da União**, Poder Executivo, Brasília, DF, 5 mar. 1998a. Disponível em: <http://www.planalto.gov.br/ccivil_03/decreto/d2508.htm>. Acesso em: 28 mar. 2022.

BRASIL. Decreto n. 2.611, de 2 de junho de 1998. **Diário Oficial da União**, Poder Executivo, Brasília, DF, 3 jun. 1998b. Disponível em: <http://www.planalto.gov.br/ccivil_03/decreto/D2611.htm>. Acesso em: 14 fev. 2022.

BRASIL. Decreto n. 2.861, de 7 de dezembro de 1998. **Diário Oficial da União**, Poder Executivo, Brasília, DF, 8 dez. 1998c. Disponível em: <http://www.planalto.gov.br/ccivil_03/decreto/d2861.htm>. Acesso em: 28 mar. 2022.

BRASIL. Decreto n. 2.870, de 10 de dezembro de 1998. **Diário Oficial da União**, Poder Executivo, Brasília, DF, 10 dez. 1998d. Disponível em: <http://www.planalto.gov.br/ccivil_03/decreto/d2870.htm>. Acesso em: 28 mar. 2022.

BRASIL. Decreto n. 3.939, de 26 de setembro de 2001. **Diário Oficial da União**, Poder Executivo, Brasília, DF, 27 set. 2001a. Disponível em: <http://www.planalto.gov.br/ccivil_03/decreto/2001/d3939.htm>. Acesso em: 28 mar. 2022.

BRASIL. Decreto n. 5.731, de 20 de março de 2006. **Diário Oficial da União**, Poder Executivo, Brasília, DF, 21 mar. 2006a. Disponível em: <http://www.planalto.gov.br/ccivil_03/_ato2004-2006/2006/decreto/d5731.htm>. Acesso em: 28 mar. 2022.

BRASIL. Decreto n. 5.910, de 27 de setembro de 2006. **Diário Oficial da União**, Poder Executivo, Brasília, DF, 27 set. 2006b. Disponível em: <http://www.planalto.gov.br/ccivil_03/_ato2004-2006/2006/decreto/d5910.htm>. Acesso em: 28 mar. 2022.

BRASIL. Decreto n. 6.478, de 9 de junho de 2008. **Diário Oficial da União**, Poder Executivo, Brasília, DF, 10 jun. 2008a. Disponível em: <http://www.planalto.gov.br/ccivil_03/_ato2007-2010/2008/decreto/D6478.htm>. Acesso em: 28 mar. 2022.

BRASIL. Decreto n. 6.759, de 5 de fevereiro de 2009. **Diário Oficial da União**, Poder Executivo, Brasília, DF, 6 fev. 2009a. Disponível em: <http://www.planalto.gov.br/ccivil_03/_ato2007-2010/2009/decreto/d6759.htm>. Acesso em: 28 mar. 2022.

BRASIL. Decreto n. 7.030, de 14 de dezembro de 2009. **Diário Oficial da União**, Poder Executivo, Brasília, DF, 14 dez. 2009b. Disponível em: <http://www.planalto.gov.br/ccivil_03/_ato2007-2010/2009/decreto/d7030.htm>. Acesso em: 28 mar. 2022.

BRASIL. Decreto n. 7.168, de 5 de maio de 2010. **Diário Oficial da União**, Poder Executivo, Brasília, DF, 6 mai. 2010a. Disponível em: <http://www.planalto.gov.br/ccivil_03/_ato2007-2010/2010/decreto/d7168.htm>. Acesso em: 28 mar. 2022.

BRASIL, Decreto n. 8.033, de 27 de junho de 2013. **Diário Oficial da União**, Poder Executivo, Brasília, DF, 27 jun. 2013a. Disponível em: <http://www.planalto.gov.br/ccivil_03/_ato2011-2014/2013/decreto/d8033.htm>. Acesso em: 28 mar. 2022.

BRASIL. Decreto n. 8.257, de 29 de maio de 2014. **Diário Oficial da União**, Poder Executivo, Brasília, DF, 29 mai. 2014a. Disponível em: <http://www.planalto.gov.br/ccivil_03/_ato2011-2014/2014/decreto/D8257.htm>. Acesso em: 28 mar. 2022.

BRASIL. Decreto n. 9.540, de 25 de outubro de 2018. Diário Oficial da União, Poder Executivo, Brasília, DF, 26 out. 2018. Disponível em: <https://www2.camara.leg.br/legin/fed/decret/2018/decreto-9540-25-outubro-2018-787269-norma-pe.html>. Acesso em: 28 mar. 2022.

BRASIL. Decreto n. 10.589, de 24 de dezembro de 2020. Diário Oficial da União, Poder Executivo, Brasília, DF, 24 dez. 2020a. Disponível em: <https://www2.camara.leg.br/legin/fed/decret/2020/decreto-10589-24-dezembro-2020-790950-norma-pe.html>. Acesso em: 28 mar. 2022.

BRASIL. Decreto n. 16.983, de 22 de julho de 1925. **Diário Oficial da União**, Poder Executivo, Rio de Janeiro, 28 ago. 1925. Disponível em: <https://www2.camara.leg.br/legin/fed/decret/1920-1929/decreto-16983-22-julho-1925-529760-publicacaooriginal-1-pe.html>. Acesso em: 28 mar. 2022.

BRASIL. Decreto n. 18.871, de 13 de agosto de 1929. **Diário Oficial da União**, Poder Executivo, Rio de Janeiro, 22 out. 1929. Disponível em: <https://www2.camara.leg.br/legin/fed/decret/1920-1929/decreto-18871-13-agosto-1929-549000-publicacaooriginal-64246-pe.html>. Acesso em: 28 mar. 2022.

BRASIL. Decreto n. 42.920, de 30 de dezembro de 1957. **Diário Oficial da União**, Poder Executivo, Rio de Janeiro, 30 dez. 1957. Disponível em: <https://www2.camara.leg.br/legin/fed/decret/1950-1959/decreto-42920-30-dezembro-1957-381643-publicacaooriginal-1-pe.html>. Acesso em: 28 mar. 2022.

BRASIL. Decreto n. 52.493, de 23 de setembro de 1963. **Diário Oficial da União**, Poder Executivo, Brasília, DF, 30 set. 1963. Disponível em: https://www2.camara.leg.br/legin/fed/decret/1960-1969/decreto-52493-23-setembro-1963-392522-publicacaooriginal-1-pe.html>. Acesso em: 28 mar. 2022.

BRASIL. Decreto n. 64.125, de 19 de fevereiro de 1969. **Diário Oficial da União**, Poder Executivo, Brasília, DF, 20 fev. 1969b. Disponível em: <https://www2.camara.leg.br/legin/fed/decret/1960-1969/decreto-64125-19-fevereiro-1969-405451-publicacaooriginal-1-pe.html>. Acesso em: 28 mar. 2022.

BRASIL. Decreto n. 79.437, de 28 de março de 1977. **Diário Oficial da União**, Poder Executivo, Brasília, DF, 28 mar. 1977. Disponível em: <http://www.planalto.gov.br/ccivil_03/decreto/1970-1979/D79437.htm>. Acesso em: 28 mar. 2022.

BRASIL. Decreto n. 80.672, de 7 de novembro de 1977. **Diário Oficial da União**, Poder Executivo, Brasília, DF, 9 nov. 1977. Disponível em: <http://www.planalto.gov.br/ccivil_03/decreto/1970-1979/D80672.htm>. Acesso em: 28 mar. 2022.

BRASIL. Decreto n. 83.060, de 22 de janeiro de 1979. **Diário Oficial da União**, Poder Executivo, Brasília, DF, 23 jan. 1979. Disponível em: <https://www2.camara.leg.br/legin/fed/decret/1970-1979/decreto-83060-22-janeiro-1979-432200-publicacaooriginal-1-pe.html>. Acesso em: 28 mar. 2022.

BRASIL. Decreto n. 97.505, de 13 de fevereiro de 1989. **Diário Oficial da União**, Poder Executivo, Brasília, DF, 13 fev. 1989. Disponível em: <http://www.planalto.gov.br/ccivil_03/decreto/D97505.htm>. Acesso em: 28 mar. 2022.

BRASIL. Decreto n. 99.165, de 12 de março de 1990. **Diário Oficial da União**, Poder Executivo, Brasília, DF, 14 mar. 1990. Disponível em: <https://www2.camara.leg.br/legin/fed/decret/1990/decreto-99165-12-marco-1990-328535-publicacaooriginal-1-pe.html>. Acesso em: 28 mar. 2022.

BRASIL. Decreto-Lei n. 73, de 21 de novembro de 1966. **Diário Oficial da União**, Poder Executivo, Brasília, DF, 22 nov. 1966a. Disponível em: <http://www.planalto.gov.br/ccivil_03/decreto-lei/del0073.htm>. Acesso em: 28 mar. 2022.

BRASIL. Decreto-Lei n. 479, de 27 fevereiro de 1969. **Diário Oficial da União**, Poder Executivo, Brasília, DF, 27 fev. 1969c. Disponível em: <http://www.planalto.gov.br/ccivil_03/decreto-lei/1965-1988/Del0479.htm>. Acesso em: 28 mar. 2022.

BRASIL. Decreto-Lei n. 483, de 8 de junho de 1938. **Coleção das Leis do Império do Brasil**, Poder Executivo, Rio de Janeiro, 8 jun. 1938. Disponível em: <http://www.planalto.gov.br/ccivil_03/decreto-lei/1937-1946/del0483.htm>. Acesso em: 28 mar. 2022.

BRASIL. Decreto-Lei n. 1.098, de 25 de março de 1970. **Diário Oficial da União**, Poder Executivo, Brasília, DF, 30 mar. 1970. Disponível em: <http://www.planalto.gov.br/ccivil_03/decreto-lei/1965-1988/del1098.htm>. Acesso em: 28 mar. 2022.

BRASIL. Decreto-Lei n. 1.951, de 30 de dezembro de 1939. **Diário Oficial da União**, Poder Executivo, Rio de Janeiro, 6 jan. 1940a. Disponível em: <https://www2.camara.leg.br/legin/fed/declei/1930-1939/decreto-lei-1951-30-dezembro-1939-411893-publicacaooriginal-1-pe.html>. Acesso em: 28 mar. 2022.

BRASIL. Decreto-Lei n. 2.848, de 7 de dezembro de 1940. **Diário Oficial da União**, Poder Executivo, Rio de Janeiro, 31 dez. 1940b. Disponível em: <http://www.planalto.gov.br/ccivil_03/decreto-lei/del2848compilado.htm>. Acesso em: 28 mar. 2022.

BRASIL. Decreto-Lei n. 3.100, de 7 de março de 1941. **Diário Oficial da União**, Poder Executivo, Rio de Janeiro, 30 mar. 1941. Disponível em: <planalto.gov.br/ccivil_03/decreto/d3100.htm>. Acesso em: 28 mar. 2022.

BRASIL. Lei n. 556, de 25 de junho de 1850. **Coleção das Leis do Império do Brasil**, Poder Executivo, 31 dez. 1850. Disponível em: <http://www.planalto.gov.br/ccivil_03/leis/lim/LIM556compilado.htm>. Acesso em: 28 mar. 2022.

BRASIL. Lei n. 2.180, de 5 de fevereiro de 1954. **Diário Oficial da União**, Rio de Janeiro, 8 fev. 1954. Disponível em: <http://www.planalto.gov.br/ccivil_03/leis/l2180.htm>. Acesso em: 28 mar. 2022.

BRASIL. Lei n. 5.172, de 25 de outubro de 1966. **Diário Oficial da União**, Poder Executivo, Brasília, DF, 13 dez. 1966b. Disponível em: <http://www.planalto.gov.br/ccivil_03/leis/l5172compilado.htm>. Acesso em: 28 mar. 2022.

BRASIL. Lei n. 5.862, de 12 de dezembro de 1972. **Diário Oficial da União**, Poder Executivo, Brasília, DF, 13 dez. 1972. Disponível em: <http://www.planalto.gov.br/ccivil_03/leis/1970-1979/l5862.htm>. Acesso em: 28 mar. 2022.

BRASIL. Lei n. 6.938, de 31 de agosto de 1981. **Diário Oficial da União**, Poder Legislativo, Brasília, DF, 31 ago. 1981. Disponível em: <http://www.planalto.gov.br/ccivil_03/leis/l6938.htm>. Acesso em: 28 mar. 2022.

BRASIL. Lei n. 7.170, de 14 de dezembro de 1983. **Diário Oficial da União**, Poder Legislativo, Brasília, DF, 15 dez. 1983. Disponível em: <http://www.planalto.gov.br/ccivil_03/leis/l7170.htm>. Acesso em: 28 mar. 2022.

BRASIL. Lei n. 7.565, de 19 de dezembro de 1986. **Diário Oficial da União**, Poder Executivo, Brasília, DF, 23 dez. 1986. Disponível em: <http://www.planalto.gov.br/ccivil_03/leis/l7565compilado.htm>. Acesso em: 28 mar. 2022.

BRASIL. Lei n. 7.652, de 5 de fevereiro de 1988. **Diário Oficial da União**, Poder Legislativo, Brasília, DF, 5 fev. 1988b. Disponível em: <http://www.planalto.gov.br/ccivil_03/leis/l7652.htm>. Acesso em: 28 mar. 2022.

BRASIL. Lei n. 8.374, de 30 de dezembro de 1991. **Diário Oficial da União**, Poder Executivo, Brasília, DF, 31 dez. 1991. Disponível em: <http://www.planalto.gov.br/ccivil_03/leis/1989_1994/L8374.htm>. Acesso em: 28 mar. 2022.

BRASIL. Lei n. 8.617, de 4 de janeiro de 1993. **Diário Oficial da União**, Poder Legislativo, Brasília, DF, 4 jan. 1993. Disponível em: <http://www.planalto.gov.br/ccivil_03/leis/l8617.htm>. Acesso em: 28 mar. 2022.

BRASIL. Lei n. 8.884, de 11 de junho de 1994. **Diário Oficial da União**, Poder Legislativo, Brasília, DF, 13 jun. 1994. Disponível em: <http://www.planalto.gov.br/ccivil_03/leis/l8884.htm>. Acesso em: 28 mar. 2022.

BRASIL. Lei n. 9.307 de 23 de setembro de 1996. **Diário Oficial da União**, Poder Legislativo, Brasília, DF, 23 set. 1996. <http://www.planalto.gov.br/ccivil_03/leis/l9307.htm>. Acesso em: 28 mar. 2022.

BRASIL. Lei n. 9.432, de 8 de janeiro de 1997. **Diário Oficial da União**, Poder Executivo, Brasília, DF, 9 jan. 1997b. Disponível em: <http://www.planalto.gov.br/ccivil_03/leis/l9432.htm>. Acesso em: 28 mar. 2022.

BRASIL. Lei n. 9.537, de 11 de dezembro de 1997. **Diário Oficial da União**, Poder Executivo, Brasília, DF, 12 dez. 1997c. Disponível em: <http://www.planalto.gov.br/ccivil_03/leis/l9537.htm>. Acesso em: 28 mar. 2022.

BRASIL. Lei n. 9.611, de 19 de fevereiro de 1998. **Diário Oficial da União**, Poder Executivo, Brasília, DF, 20 fev. 1998e. Disponível em: <http://www.planalto.gov.br/ccivil_03/leis/l9611.htm>. Acesso em: 28 mar. 2022.

BRASIL. Lei n. 9.966, de 28 de abril de 2000. **Diário Oficial da União**, Poder Legislativo, Brasília, DF, 29 abr. 2000. Disponível em: <http://www.planalto.gov.br/ccivil_03/leis/L9966.htm>. Acesso em: 28 mar. 2022.

BRASIL. Lei n. 10.233, de 05 de junho de 2001. **Diário Oficial da União**, Poder Executivo, Brasília, DF, 6 jun. 2001b. Disponível em: <http://www.planalto.gov.br/ccivil_03/leis/leis_2001/l10233.htm>. Acesso em: 28 mar. 2022.

BRASIL. Lei n. 10.406, de 10 de janeiro de 2002. **Diário Oficial da União**, Poder Legislativo, Brasília, DF, 11 jan. 2002a. Disponível em: <http://www.planalto.gov.br/ccivil_03/leis/2002/l10406compilada.htm>. Acesso em: 28 mar. 2022.

BRASIL. Lei n. 10.605, 18 de dezembro de 2002. **Diário Oficial da União**, Poder Executivo, Brasília, DF, 19 dez. 2002b. Disponível em: <http://www.planalto.gov.br/ccivil_03/leis/2002/l10605.htm>. Acesso em: 28 mar. 2022.

BRASIL. Lei n. 10.744, de 9 de outubro de 2003. **Diário Oficial da União**, Poder Executivo, Brasília, DF, 10 out. 2003. Disponível em: <http://www.planalto.gov.br/ccivil_03/leis/2003/l10.744.htm>. Acesso em: 28 mar. 2022.

BRASIL. Lei n. 10.893, de 13 de julho de 2004. **Diário Oficial da União**, Poder Executivo, Brasília, DF, 14 jul. 2004. Disponível em: <http://www.planalto.gov.br/ccivil_03/_ato2004-2006/2004/lei/l10.893.htm>. Acesso em: 28 mar. 2022.

BRASIL. Lei n. 11.182, de 27 de setembro de 2005. **Diário Oficial da União**, Poder Legislativo, Brasília, DF, 28 set. 2005. Disponível em: <http://www.planalto.gov.br/ccivil_03/_ato2004-2006/2005/lei/l11182.htm>. Acesso em: 28 mar. 2022.

BRASIL. Lei n. 12.314, de 19 de agosto de 2010. **Diário Oficial da União**, Poder Executivo, Brasília, DF, 20 ago. 2010b. Disponível em: <http://www.planalto.gov.br/ccivil_03/_ato2007-2010/2010/lei/l12314.htm>. Acesso em: 28 mar. 2022.

BRASIL. Lei n. 12.529, de 30 de novembro de 2011. **Diário Oficial da União**, Poder Legislativo, Brasília, DF, 1 dez. 2011b. Disponível em: <http://www.planalto.gov.br/ccivil_03/_ato2011-2014/2011/lei/l12529.htm>. Acesso em: 28 mar. 2022.

BRASIL. Lei n. 12.815, de 5 de junho de 2013. **Diário Oficial da União**, Poder Executivo, Brasília, DF, 5 jun. 2013b. Disponível em: <http://www.planalto.gov.br/ccivil_03/_ato2011-2014/2013/lei/l12815.htm>. Acesso em: 28 mar. 2022.

BRASIL. Lei n. 12.970, de 8 de maio de 2014. **Diário Oficial da União**, Poder Executivo, Brasília, DF, 9 mai. 2014b. Disponível em: <http://www.planalto.gov.br/ccivil_03/_ato2011-2014/2014/lei/L12970.htm>. Acesso em: 28 mar. 2022.

BRASIL. Lei n. 13.260, de 16 de março de 2016. **Diário Oficial da União**, Poder Executivo, Brasília, DF, 17 mar. 2016. Disponível em: http://www.planalto.gov.br/ccivil_03/_ato2015-2018/2016/lei/l13260.htm. Acesso em: 28 mar. 2022.

BRASIL. Lei n. 13.475, de 28 de agosto de 2017. **Diário Oficial da União**, Poder Legislativo, Brasília, DF, 29 ago. 2017a. Disponível em: <http://www.planalto.gov.br/ccivil_03/_ato2015-2018/2017/lei/l13475.htm>. Acesso em: 28 mar. 2022.

BRASIL. Lei n. 13.903, de 19 de novembro de 2019. **Diário Oficial da União**, Poder Executivo, Brasília, DF, 20 nov. 2019. Disponível em: <http://www.planalto.gov.br/ccivil_03/_ato2019-2022/2019/lei/L13903.htm>. Acesso em: 28 mar. 2022.

BRASIL. Lei n. 14.034, de 5 de agosto de 2020. **Diário Oficial da União**, Poder Executivo, Brasília, DF, 6 ago. 2020b. Disponível em: <http://www.planalto.gov.br/ccivil_03/_ato2019-2022/2020/lei/L14034.htm99>. Acesso em: 28 mar. 2022.

BRASIL. Lei n. 14.047, de 24 de agosto de 2020. **Diário Oficial da União**, Poder Executivo, Brasília, DF, 25 ago. 2020c. Disponível em: <http://www.planalto.gov.br/ccivil_03/_ato2019-2022/2020/lei/L14047.htm>. Acesso em: 28 mar. 2022.

BRASIL. Lei Complementar n. 97, de 9 de junho de 1999. **Diário Oficial da União**, Poder Legislativo, Brasília, DF, 10 jun. 1999. Disponível em: <https://www2.camara.leg.br/legin/fed/leicom/1999/leicomplementar-97-9-junho-1999-377583-publicacaooriginal-1-pl.html>. Acesso em: 28 mar. 2022.

BRASIL. Lei Complementar n. 126, de 15 de janeiro de 2007. **Diário Oficial da União**, Poder Legislativo, Brasília, DF, 16 jan. 2007. Disponível em: <http://www.planalto.gov.br/ccivil_03/leis/lcp/lcp126.htm>. Acesso em: 28 mar. 2022.

BRASIL. Medida Provisória n. 925, de 18 de março de 2020. **Diário Oficial da União**, Poder Executivo, Brasília, DF, 19 mar. 2020d. Disponível em: <http://www.planalto.gov.br/ccivil_03/_ato2019-2022/2020/Mpv/mpv925.htm>. Acesso em: 28 mar. 2022.

BRASIL. Medida Provisória n. 945, de 4 de abril de 2020. **Diário Oficial da União**, Poder Executivo, Brasília, DF, 4 abr. 2020e. Disponível em: <http://www.planalto.gov.br/ccivil_03/_ato2019-2022/2020/Mpv/mpv945.htm>. Acesso em: 28 mar. 2022.

BRASIL. Ministério da Defesa. Comando da Aeronáutica. **Investigação e prevenção de acidentes aeronáuticos**: plano de gerenciamento de risco de fauna. Brasília, 2017b. Disponível em: <http://sistema.cenipa.aer.mil.br/cenipa/Anexos/article/1867/PCA%203-3%20Plano%20Basico%20de%20Gerenciamento%20de%20Risco%20de%20Fauna%202017.pdf>. Acesso em: 28 mar. 2022.

BRASIL. Ministério das Relações Exteriores. **O Brasil e a Oaci**. 17 maio 2021a. Disponível em: <https://www.gov.br/mre/pt-br/assuntos/politica-externa-comercial-e-economica/organizacoes-economicas-internacionais/o-brasil-e-a-oaci>. Acesso em: 28 mar. 2022.

BRASIL. Ministério do Meio Ambiente. **Macrodiagnóstico da zona costeira e marinha do Brasil**. Brasília: MMA, 2008b. Disponível em: <https://gaigerco.furg.br/images/Arquivos-PDF/MDZC__Biodiversidade.pdf>. Acesso em: 28 mar. 2022.

BRASIL. Ministério dos Transportes. Portaria n. 328, 11 de setembro de 2001. **Diário Oficial da União**, Brasília, DF, 12 set. 2001c. Disponível em: <https://www.legisweb.com.br/legislacao/?id=182571>. Acesso em: 28 mar. 2022.

BRASIL. Senado Federal. **Projeto de Lei n. 487/2013**. Brasília, DF, 2013c. Disponível em: <https://www25.senado.leg.br/web/atividade/materias/-/materia/115437>. Acesso em: 28 mar. 2022.

BRASIL. Supremo Tribunal Federal. Ação Direta de Inconstitucionalidade n. 5.667. Relator: Min. Nunes Marques. **Diário de Justiça**, Brasília, DF, 19 ago. 2021b. Disponível em: <https://portal.stf.jus.br/processos/detalhe.asp?incidente=5140772>. Acesso em: 28 mar. 2022.

BRASIL. Supremo Tribunal Federal. Petição Inicial de Ação Direta de Inconstitucionalidade do Ministério Público Federal. Brasília, DF, 1º mar. 2017c. Disponível em: <https://redir.stf.jus.br/paginadorpub/paginador.jsp?docTP=TP&docID=12516671&pgI=1&pgF=5>. Acesso em: 28 mar. 2022.

BRASIL. Supremo Tribunal Federal. Recurso Extraordinário n. 636.331/RJ. Relator: Min. Gilmar Mendes. **Diário da Justiça**, Brasília, DF, 13 nov. 2017d. Disponível em: <redir.stf.jus.br/paginadorpub/paginador.jsp?docTP=TP&docID=14028416>. Acesso em: 14 de fev. 2022.

CADE – Conselho Administrativo de Defesa Econômica. **STJ reverte decisão e Cade retoma investigações envolvendo cobrança de taxa portuária**. 8 abr. 2021. Disponível em: <https://www.gov.br/cade/pt-br/assuntos/noticias/stj-reverte-decisao-e-cade-retoma-investigacoes-envolvendo-cobranca-de-taxa-portuaria>. Acesso em: 28 mar. 2022.

CALAZANS, D. C. Investigação de acidentes aeronáuticos. In: LANDER, A. A.; MOURÃO, S. L.; SILVA, J. V. L. (Org.). **Direito aeronáutico**. Belo Horizonte: D'Plácido, 2018. p. 311-325.

CAMPOS, I. Z. A. **Curso de direito marítimo sistematizado**: direito material e processual com esquemas didáticos. Curitiba: Juruá, 2017.

CARVALHO, R. C. T. de. A lei do mar, a obrigação de proteção e o direito de explorar os recursos marinhos. **Consultor Jurídico**, 13 jul. 2019. Disponível em: <https://www.conjur.com.br/2019-jul-13/ambiente-juridico-lei-mar-obrigacao-protecao-direito-exploracao>. Acesso em: 28 mar. 2022.

CASTRO JÚNIOR, O. A. de. Fundamentos constitucionais da regulação do transporte aquaviário e dos portos. **Novos Estudos Jurídicos**, n. 2, v. 25, p. 501-521, 2020. Disponível em: <https://www6.univali.br/seer/index.php/nej/article/view/16917>. Acesso em: 28 mar. 2022.

CASTRO JÚNIOR, O. A. de. Principais aspectos do direito marítimo e sua relação com a Lex Mercatoria e Lex Maritima. **Revista Sequência**, n. 61, v. 31, p. 195-225, dez. 2010. Disponível em: <https://periodicos.ufsc.br/index.php/sequencia/article/view/2177-7055.2010v31n61p195>. Acesso em: 28 mar. 2022.

CASTRO JÚNIOR, O. A. de; CAPRARO, M. C. Z. Comentários acerca do novo marco regulatório dos portos brasileiros. **Revista Eletrônica Direito e Política**, Itajaí, v. 9, n. 1, p. 87-109, jan./abr. 2014. Disponível em: <https://siaiap32.univali.br/seer/index.php/rdp/article/viewFile/5746/3124>. Acesso em: 28 mar. 2022.

CASTRO JÚNIOR, O. A. de; RODRIGUES, M. Defesa da concorrência e verticalização portuária. **Revista de Defesa da Concorrência**, v. 8, n. 1, p. 107-133, jun. 2020. Disponível em: <https://revista.cade.gov.br/index.php/revistadedefesadaconcorrencia/article/view/535>. Acesso em: 28 mar. 2022.

CAVALCANTI, A. U. **Responsabilidade civil do transportador aéreo**: tratados internacionais, leis especiais e código de proteção e defesa do consumidor. Rio de Janeiro: Renovar, 2002.

CBIE – Centro Brasileiro de Infraestrutura. **Quantos aeroportos existem no Brasil?** 28 jun. 2019. Disponível em: <https://cbie.com.br/artigos/quantos-aeroportos-existem-no-brasil/>. Acesso em: 28 mar. 2022.

CEMBRA – Centro de Excelência para o Mar Brasileiro. **O Brasil e o mar no século XXI**: relatório aos tomadores de decisão do país. 2. ed. rev., atual. e ampl. Niterói: Cembra, 2019. Disponível em: <https://www.cembra.org.br/images/Livro2019/BMS21.pdf>. Acesso em: 28 mar. 2022.

CHEDID, T. da S. V.; SANTOS, E. M. Aspectos de regulação internacional do petróleo: o caso Brasil. **Estudos Avançados**, v. 33, n. 95, p. 113-132, jan./abr. 2019. Disponível em: <https://www.scielo.br/j/ea/a/LGR594ztyGJZVJLWzWqSy8S/?lang=pt>. Acesso em: 28 mar. 2022.

CHROPACZ, F. **Introdução ao estudo do direito aeronáutico**. Belo Horizonte: Dialética, 2020.

CIMBESSUL S.A. **Linkedin**. Disponível em: <https://www.linkedin.com/company/cimbessul/?originalSubdomain=br>. Acesso em: 28 mar. 2022.

COASE, R. H. **A firma, o mercado e o direito**. 2. ed. Rio de Janeiro: Forense Universitária, 2017.

COELHO, F. U. **Curso de direito comercial**: direito de empresa. São Paulo: Saraiva, 2000.

COELHO, F. U. **Manual de direito comercial**: direito de empresa. São Paulo: Saraiva, 2015.

CREMONEZE, P. H. **Prática de direito marítimo**: o contrato de transporte marítimo e a responsabilidade civil do transportador. São Paulo: Aduaneiras, 2015.

DINIZ, M. H. **Lei de Introdução às Normas do Direito Brasileiro interpretada**. 19. ed. São Paulo: Saraiva, 2017.

ESCALADA, F. N. V. **Derecho aeronautico**. Buenos Aires: Zavalia, 1969. Tomo I.

ESCALADA, F. N. V. **Derecho aeronautico**. Buenos Aires: Zavalia, 1970. Tomo II.

ESCALADA, F. N. V. **Derecho aeronautico**. Buenos Aires: Zavalia, 1973. Tomo III.

FARAH, E. T. **Leasing de aeronaves civis no direito brasileiro**: aspectos jurídicos relevantes. Rio de Janeiro: Renovar. 2007.

FARIA, A. M. J. B. **Aquífero Guarani**: defesa da soberania e sustentabilidade. Curitiba: Multideia, 2014.

FARRANHA, A. C.; FREZZA, C. da S.; BARBOSA, F. de O. Nova lei dos portos: desafios jurídicos e perspectivas de investimentos. **Revista Direito GV**, São Paulo, v. 11, n. 1, p. 89-116, 2015. Disponível em: <http://dx.doi.org/10.1590/1808-2432201505>. Acesso em: 28 mar. 2022.

FAZCOMEX. **O que é o GATT**. 15 out. 2021a. Disponível em: <https://www.fazcomex.com.br/blog/o-que-e-o-gatt/>. Acesso em: 28 mar. 2022.

FAZCOMEX. **Portos brasileiros**: quais os principais. 9 dez. 2021b. Disponível em: https://www.fazcomex.com.br/blog/portos-brasileiros-quais-os-principais/. Acesso em: 28 mar. 2022.

FERREIRA, G. B. **A (R)Evolução do Direito Marítimo**. Trabalho de Conclusão de Curso – Escola de Magistratura do Estado do Rio de Janeiro, Rio de Janeiro, 2015. Disponível em: <https://www.emerj.tjrj.jus.br/paginas/trabalhos_conclusao/2semestre2014/trabalhos_22014/Guilherme BarbosaFerreira.pdf>. Acesso em: 28 mar. 2022.

FIORATI, J. J. A Convenção das Nações Unidas sobre Direito do Mar de 1982 e os organismos internacionais por ela criados. **Revista de Informação Legislativa**, Brasília, v. 34, n. 133, p. 129-154, jan./mar. 1997. Disponível em: <https://www2.senado.leg.br/bdsf/bitstream/handle/id/202/r133-14.PDF?sequence=4&isAllowed=y>. Acesso em: 28 mar. 2022.

FOLHA DO LITORAL. **Autoridades paraguaias visitam terminal da ANPP para início das atividades**. 8 abr. 2017. Disponível em: <https://folhadolitoral.com.br/economia/autoridades-paraguaias-visitam-terminal-da-annp-para-inicio-das-atividades>. Acesso em: 28 mar. 2022.

FONSECA, E. G. A dualidade da investigação dos acidentes aeronáuticos no Brasil. In: LANDER, A. A.; MOURÃO, S. L.; SILVA, J. V. L. e (Org.). **Direito aeronáutico**. Belo Horizonte: D'Plácido, 2018. p. 283-310.

FRAGOSO, C. H. Apoderamento ilícito de aeronaves. **Revista de Direito Penal**, n. 13/14, p. 13-27, [1970]. Disponível em: <http://www.fragoso.com.br/wp-content/uploads/2017/10/20171002201705-apoderamento_aeronaves.pdf>. Acesso em: 28 mar. 2022.

FREITAS INTELIGÊNCIA ADUANEIRA. **Incoterms 2020**: descubra agora o que mudou. 2020. Disponível em: <https://materiais.freitasinteligencia.com.br/incoterms2020?gclid=EAIaIQobChMI0aWIh97a7wIVCJyz Ch2w0ATmEAAYASAAEgIKCPD_BwE>. Acesso em: 28 mar. 2022.

FREITAS INTELIGÊNCIA ADUANEIRA. **Saiba como está o cenário logístico mundial neste fim de ano**. 29 nov. 2021. Disponível em: <https://freitasinteligencia.com.br/saiba-como-esta-o-cenario-logistico-mundial-neste-fim-de-ano/>. Acesso em: 28 mar. 2022.

GATTEI, M. M. A importância da jurisdicionalização dos procedimentos de solução de controvérsias na OMC. In: AMARAL JÚNIOR, A. do (Coord.). **Direito do comércio internacional**. São Paulo: J. de Oliveira, 2002. p. 105-118.

GOMES, O. **Contratos**. Rio de Janeiro: Forense, 1999a.

GOMES, O. **Introdução ao Direito Civil**. Rio de Janeiro: Forense, 1999b.

GOMES, O. **Obrigações**. Rio de Janeiro: Forense, 1999c.

GOULARTI FILHO, A. A trajetória da marinha mercante brasileira: administração, regime jurídico e planejamento. **Revista Pesquisa e Debate**, São Paulo, v. 21, n, 2, p. 247-278, 2010. Disponível em: <https://revistas.pucsp.br/index.php/rpe/article/view/7397>. Acesso em: 28 mar. 2022.

GOULARTI FILHO, A. Presença e ausência do Estado na trajetória da indústria da construção naval brasileira: 1959-1989. **Nova Economia**, Belo Horizonte, v. 24, n. 2, p. 445-470, maio/ago. 2014. Disponível em: <https://www.scielo.br/scielo.php?script=sci_arttext&pid=S0103-63512014000200445>. Acesso em: 28 mar. 2022.

GUSMÃO, R. J. F. de. História da aviação. In: LANDER, A. A.; MOURÃO, S. L.; SILVA, J. V. L. e (Org.). **Direito aeronáutico**. Belo Horizonte: D'Plácido, 2018. p. 19-30.

HAMANN, E. P. Organizações internacionais: história e práticas. **Contexto Internacional**, Rio de Janeiro, v. 27, n. 1, p. 217-224, jun. 2005. Resenha. Disponível em: <https://www.scielo.br/scielo.php?script=sci_arttext&pid=S0102-85292005000100006&lng=pt&tlng=pt>. Acesso em: 28 mar. 2022.

HONORATO, M. **Crimes aeronáuticos**. Rio de Janeiro: Lumen Juris, 2014.

IATA – Associação Internacional de Transporte Aéreo. **The Founding of IATA**. 2020. Disponível em: <https://www.iata.org/en/about/history/>. Acesso em: 28 mar. 2022.

IBGE – Instituto Brasileiro de Geografia e Estatística. **Áreas territoriais**. Disponível em: <https://www.ibge.gov.br/geociencias/organizacao-do-territorio/estrutura-territorial/15761-areas-dos-municipios.html?=&t=o-que-e>. Acesso em: 28 mar. 2022.

IBGE – Instituto Brasileiro de Geografia e Estatística. **Atlas geográfico das zonas costeiras e oceânicas do Brasil**. Rio de Janeiro: IBGE, 2011. Disponível em: <https://biblioteca.ibge.gov.br/visualizacao/livros/liv55263.pdf>. Acesso em: 28 mar. 2022.

ICAO – Organização da Aviação Civil Internacional. Disponível em: <https://www.icao.int/Pages/default.aspx>. Acesso em: 28 mar. 2022.

ICC BRASIL – International Chamber of Commerce. Disponível em: <https://www.iccbrasil.org/media/pages/files/ICC_BRASIL.pdf>. Acesso em: 28 mar. 2022.

ICS – International Chamber of Shipping. **About ICS**. Disponível em: <https://www.ics-shipping.org/about-ics/>. Acesso em: 28 mar. 2022.

IGPANDI – International Group of P&I Clubs. **About the International Group**. Disponível em: <https://www.igpandi.org/about>. Acesso em: 28 mar. 2022.

INDEX MUNDI. Disponível em: <https://www.indexmundi.com/g/r.aspx?c=br&v=120&l=pt>. Acesso em: 28 mar. 2022.

INFRAERO – Empresa Brasileira de Infraestrutura Aeroportuária. **Guia Infraero Cargo**. 3. ed. Brasília, set. 2012. Disponível em: <https://www4.infraero.gov.br/media/674358/guia-cargo-3%C2%AA-edicao.pdf>. Acesso em: 28 mar. 2022.

INFRAERO – Empresa Brasileira de Infraestrutura Aeroportuária. **Sobre a Infraero**. Disponível em: <https://transparencia.infraero.gov.br/sobre-a-infraero/>. Acesso em: 28 mar. 2022.

KALAZANS, Prof. **Acidentes aéreos**: CSI da aviação. São Paulo: Bianch Pilot Training, 2013.

KELSEN, H. **Teoria pura do direito**. 6. ed. São Paulo: M. Fontes, 1998.

LAFORE, J. S. Peculiaridades do seguro aeronáutico. In: LANDER, A. A.; MOURÃO, S. L.; SILVA, J. V. L. e (Org.). **Direito aeronáutico**. Belo Horizonte: D'Plácido, 2018. p. 667-684.

LEAL, S. do R. C. S. **Contratos eletrônicos**: validade jurídica dos contratos via internet. São Paulo: Atlas, 2009.

LENZA, P. **Direito constitucional esquematizado**. 16. ed. São Paulo: Saraiva, 2012.

LEONARDO, F. P. Aspectos aduaneiros na importação de aeronaves: breves considerações. In: LANDER, A. A.; MOURÃO, S. L.; SILVA, J. V. L. (Org.). **Direito aeronáutico**. Belo Horizonte: D'Plácido, 2018. p. 843-872.

LOPES FILHO, H. **Nas asas da história da Força Aérea Brasileira**. São Paulo: FAB, 2012. Disponível em: <https://www4.infraero.gov.br/media/674358/guia-cargo-3%C2%AA-edicao.pdf>. Acesso em: 28 mar. 2022.

MALUF, S. **Teoria geral do estado**. 23. ed. São Paulo: Saraiva, 1995.

MARINHA DO BRASIL. **Atribuições da DPC**. Disponível em: <https://www.marinha.mil.br/dpc/node/3519>. Acesso em: 28 mar. 2022a.

MARINHA DO BRASIL. **Marpol**. Disponível em: <https://www.ccaimo.mar.mil.br/ccaimo/marpol>. Acesso em: 28 mar. 2022b

MARINHA DO BRASIL. **No mar, a riqueza e o futuro das nações**. 15 nov. 2019a. Disponível em: <https://www.marinha.mil.br/economia-azul/noticias/no-mar-riqueza-e-o-futuro-das-nacoes#:~:text=Pelo%20mar%20fomos%20descobertos.&text=Dos%20mares%20retiramos%20cerca%20de,95%25%20do%20com%C3%A9rcio%20exterior%20brasileiro>. Acesso em: 28 mar. 2022.

MARINHA DO BRASIL. **O que é a Amazônia Azul e por que o Brasil quer se tornar potência militar no Atlântico**. 1º nov. 2019b. Disponível em: <https://www.marinha.mil.br/economia-azul/noticias/o-que-%C3%A9-amaz%C3%B4nia-azul-e-por-que-o-brasil-quer-se-tornar-pot%C3%AAncia-militar-no-atl%C3%A2ntico>. Acesso em: 28 mar. 2022.

MARINHA DO BRASIL. **Organização Marítima Internacional**. Disponível em: <https://www.marinha.mil.br/dhn/?q=pt-br/node/35>. Acesso em: 28 mar. 2022c.

MARINHA DO BRASIL. **Sociedades classificadoras e entidades certificadoras**. Disponível em: <https://www.marinha.mil.br/dpc/sociedades-classificadoras>. Acesso em: 28 mar. 2022d.

MARINHA DO BRASIL. **Solas**. Disponível em: <https://www.ccaimo.mar.mil.br/ccaimo/solas>. Acesso em: 28 mar. 2022e.

MARINHA DO BRASIL. Escola de Guerra Naval. **Amazônia Azul**. Disponível em: <https://www.marinha.mil.br/spp/amaz%C3%B4nia-azul>. Acesso em: 28 mar. 2022f.

MARTINS, C. IATA Brasil: muito mais que códigos, um trabalho para a aviação nacional decolar. **Aerolin**, 26 ago. 2018. Disponível em: <https://www.aeroin.net/iata-brasil/>. Acesso em: 28 mar. 2022.

MARTINS, E. M. O. **Curso de direito marítimo**. Barueri: Manole, 2008. v. 1.

MARTINS, E. M. O. **Curso de direito marítimo**. Barueri: Manole, 2013. v. 2.

MARTINS, E. M. O. **Curso de direito marítimo**. Barueri: Manole, 2015. v. 3.

MATTOS, A. M. Os novos limites dos espaços marítimos nos trinta anos da Convenção das Nações Unidas sobre o Direito do Mar. In: BEIRÃO,

A. P.; PEREIRA, A. C. A. (Org.). **Reflexões sobre a Convenção do Direito do Mar**. Brasília: Funag, 2014. p. 21-66.

MELLO, C. D. de A. **Curso de direito internacional público**. 13. ed. Rio de Janeiro: Renovar, 2001. v. 2.

MENEZES, W. **O direito do mar**. Brasília: Funag, 2015.

MONTEIRO, W. de B. **Curso de direito civil**: direito das obrigações – 2ª parte. São Paulo: Saraiva, 1999.

OLIVEIRA, D. M. de; PONTES, F. de O. Aeronave: sua utilização: uma forma de apresentar alguns contratos incidentes. **Revista Acadêmica de Direito da Unigranrio**, v. 3, n. 2, p. 1-28, 2010. Disponível em: <http://publicacoes.unigranrio.edu.br/index.php/rdugr/article/download/1109/660>. Acesso em: 28 mar. 2022.

OMDN. **Por que não é possível usar o Incoterm DDP em uma importação no Brasil?** Disponível em: <https://www.omdn.com.br/por-que-nao-e-possivel-usar-o-incoterm-ddp-em-uma-importacao-no-brasil/>. Acesso em: 28 mar. 2022.

PACHECO, J. da S. **Comentários ao Código Brasileiro de Aeronáutica**: (Lei n. 7.565, de 19.12.1986). Rio de Janeiro: Forense, 1998.

PAIM, M. A. A expansão da Amazônia Azul: a plataforma continental do Brasil além das 200 milhas náuticas. In: BEIRÃO, A. P.; PEREIRA, A. C. A. (Org.). **Reflexões sobre a Convenção do Direito do Mar**. Brasília: Funag, 2014. p. 313-346.

PECORARO, F. A Organização da Aviação Civil Internacional – OACI e a Polícia Federal – PF. In: LANDER, A. A.; MOURÃO, S. L.; SILVA, J. V. L. (Org.). **Direito aeronáutico**. Belo Horizonte: D'Plácido, 2018. p. 159-176.

PEREIRA, C. M. da S. **Instituições de direito civil**. 10. ed. Rio de Janeiro: Forense, 2000.

PEREIRA, G. R. A problemática das novas convenções relativas aos danos a terceiros no transporte aéreo internacional. **Revista Brasileira de Direito Aeronáutico e Espacial**, n. 94, p. 3-5, set. 2012. Disponível em: <https://sbda.org.br/wp-content/uploads/2018/10/1831.pdf>. Acesso em: 28 mar. 2022.

PEREIRA, M. C. R. O papel do Brasil nos organismos internacionais ligados ao Direito Marítimo com destaque à International Maritime

Organization (IMO). In: BEIRÃO, A. P.; PEREIRA, A. C. A. (Org.). **Reflexões sobre a Convenção do Direito do Mar**. Brasília: Funag, 2014. p. 405-434.

PIEDADE, J. Segurança marítima e os estudos de segurança. **Relações Internacionais**, v. 57, p. 11-24, mar. 2018. Disponível em: <http://www.ipri.pt/images/publicacoes/revista_ri/pdf/ri57/RI57_art02_JP.pdf>. Acesso em: 28 mar. 2022.

POLETTI, R. A questão da autonomia do Direito Aeronáutico. **Revista de Informação Legislativa**, v. 31, n. 123, p. 103-112, jul./set. 1994. Disponível em: <https://www2.senado.leg.br/bdsf/item/id/176260>. Acesso em: 28 mar. 2022.

PONTES, F. de O. O registro aeronáutico brasileiro. **Revista Brasileira de Direito Aeronáutico e Espacial**, n. 79, 2000.

PORTAL DA INDÚSTRIA. **Comércio marítimo resiste no trimestre, mas é preciso garantir operações para enfrentar covid-19**. 3 abr. 2020. Disponível em: <https://noticias.portaldaindustria.com.br/noticias/infraestrutura/comercio-maritimo-resiste-no-trimestre-mas-e-preciso-garantir-operacoes-para-enfrentar-pandemia/>. Acesso em: 28 mar. 2022.

PORTHOS INTERNACIONAL. **A importância do transporte marítimo**. 15 out. 2020. Disponível em: <https://porthosinternational.com.br/usa/a-importancia-do-transporte-maritimo/+&cd=4&hl=pt-BR&ct=clnk&gl=br>. Acesso em: 28 mar. 2022.

RAB – Registro Aeronáutico Brasileiro. **Consultas ao Registro Aeronáutico Brasileiro (RAB)**. Disponível em: <sistemas.anac.gov.br/aeronaves/cons_rab.asp>. Acesso em: 28 mar. 2022.

RANGEL, V. M. A problemática da zona econômica exclusiva: vamos perder as 200 milhas? **Revista da Faculdade de Direito**, Universidade de São Paulo, v. 90, p. 483-492, 1995.

REALE, M. **Lições preliminares de direito**. São Paulo: Saraiva, 2000.

REDAÇÃO MUNDO ESTRANHO. Como foi inventada a bússola? **Superinteressante**, 4 jul. 2018. Disponível em: <https://super.abril.com.br/mundo-estranho/como-foi-inventada-a-bussola/>. Acesso em: 28 mar. 2022.

REQUIÃO, R. **Curso de direito comercial**. São Paulo: Saraiva, 1998. v. 1.

REZEK, J. F. **Direito internacional público**: curso elementar. São Paulo: Saraiva, 1998.

ROLIM, M. H. F. de S. A Convemar e a proteção do meio ambiente marinho: impacto na evolução e codificação do Direito do Mar – as ações implementadas pelo Brasil e seus reflexos no Direito Nacional. In: BEIRÃO, A. P.; PEREIRA, A. C. A. (Org.). **Reflexões sobre a Convenção do Direito do Mar**. Brasília: Funag, 2014. p. 347-372.

SANTOS, A. H. O. Relações internacionais e política pública de segurança do setor de transporte aéreo no Brasil: uma abordagem da teoria neoliberal institucionalista. In: ENCONTRO DE ADMINISTRAÇÃO PÚBLICA E GOVERNANÇA – ENAPG/ANPAD, 2., 2006, São Paulo. **Anais**..., São Paulo, 2006. Disponível em: <http://www.anpad.org.br/admin/pdf/ENAPG96.pdf>. Acesso em: 28 mar. 2022.

SARAIVA, L. C. et al. **Cronologia da aviação comercial brasileira**: 1897-2017. Rio Claro: Edição do autor, 2017.

SEGURA, C. L. G. de. Los contratos internacionales de utilización de aeronaves: a modo de síntesis. **Cuadernos de Derecho Transnacional**, v. 4, n. 1, mar. 2012.

SILVA, G. M. da. Marinha mercante brasileira: contribuição para o desenvolvimento e a segurança nacionais. **Revista da Escola Superior de Guerra**, v. 25, n. 51, p. 95-113, jan./jun. 2010.

SILVA, J. A. da. **Curso de direito constitucional positivo**. 16. ed. São Paulo: Malheiros, 1999.

SILVA, M. G. da. **Direito aplicado na logística de carga aérea internacional sujeita a controle sanitário**. São Paulo: Baraúna, 2012.

SISCOMEX. **O Programa Portal Único de Comércio Exterior**. 2 abr. 2021. Disponível em: <http://www.siscomex.gov.br/conheca-o-programa/sobre-o-programa-portal-unico-de-comercio-exterior/>. Acesso em: 28 mar. 2022.

SOUSA, Y. N. Regime internacional para os mares e oceanos: notas historiográficas. **Revista Conjuntura Global**, Curitiba, v. 7, n. 3, p. 259-275, 2018. Disponível em: <https://revistas.ufpr.br/conjgloblal/article/view/61372>. Acesso em: 28 mar. 2022.

USP – Universidade de São Paulo. **Energia das ondas no Brasil.** 1º maio 2018. Disponível em: <http://www.usp.br/portalbiossistemas/?p=7953>. Acesso em: 28 mar. 2022.

VIANNA, G. M.; MARQUES, L. L.; SANCIO, L. S. **Direito marítimo**: atualidades e tendências. Rio de Janeiro: FGV, 2020.

VIDIGAL, E. A Lex mercatoria como fonte do direito do comércio internacional e a sua aplicação no Brasil. **Revista de Informação Legislativa,** v. 47, n. 186, p. 171-193, abr./jun. 2010. Disponível em: <https://www2.senado.leg.br/bdsf/item/id/198681>. Acesso em: 28 mar. 2022.

Sobre a autora

Franciely Chropacz é mestre em Administração (2018) pela Universidade Positivo; tem MBA em Gestão Pública (2008) pelo Centro Universitário UniOpet e em Direito Tributário (2007) pelo Centro Universitário UniCuritiba; é pós-graduada em Auditoria e Perícia Contábil (2017) pela UniFael Centro Universitário, em Direito Constitucional (2014) pela Fundação Escola do Ministério Público do Estado do Paraná (Fempar) e em Direito Público (2012) pela Universidade Católica Dom Bosco (UCDB); bacharel em Direito (2002) pela Universidade Tuiuti do Paraná (UTP); também cursou Metodologia do Ensino Superior (2007) pela Faculdade Opet. Foi professora universitária entre 2015 e 2019 e, desde abril de 2004, atua como Auditora Fiscal Municipal (Pinhais-PR).

Os papéis utilizados neste livro, certificados por instituições ambientais competentes, são recicláveis, provenientes de fontes renováveis e, portanto, um meio **respons**ável e natural de informação e conhecimento.

Impressão: Reproset
Maio/2022